古典文獻研究輯刊

三六編

潘美月・杜潔祥 主編

第 **52** 冊

國故新略
——新七略（下）

司馬朝軍 著

國家圖書館出版品預行編目資料

國故新略——新七略（下）／司馬朝軍 著 -- 初版 -- 新北市：
花木蘭文化事業有限公司，2023〔民 112〕
目 8+162 面；19×26 公分
（古典文獻研究輯刊 三六編；第 52 冊）
ISBN 978-626-344-310-5（精裝）
1.CST：漢學 2.CST：研究考訂
011.08   111022070

古典文獻研究輯刊
三六編　第五二冊　　　　　　　ISBN：978-626-344-310-5

國故新略
——新七略（下）

作　　者　司馬朝軍
主　　編　潘美月、杜潔祥
總 編 輯　杜潔祥
副總編輯　楊嘉樂
編輯主任　許郁翎
編　　輯　張雅淋、潘玟靜　美術編輯　陳逸婷
出　　版　花木蘭文化事業有限公司
發 行 人　高小娟
聯絡地址　235 新北市中和區中安街七二號十三樓
　　　　　電話：02-2923-1455／傳真：02-2923-1452
網　　址　http://www.huamulan.tw 信箱 service@huamulans.com
印　　刷　普羅文化出版廣告事業
初　　版　2023 年 3 月
定　　價　三六編 52 冊（精裝）新台幣 140,000 元

國故新略
——新七略（下）

司馬朝軍　著

目次

第五章　宗教部

　　宗教為社會意識形態之一，也包括相應的崇拜活動。相信在現實世界之外還存在超自然、超人間的力量和境界，主宰著自然和社會。按恩格斯的說法，宗教是「支配著人們日常生活的外部力量在人們頭腦中的幻想的反映，在這種反映中，人間的力量採取了超人間的力量的形式」。隨著社會和歷史的發展，宗教也不斷演變。宗教的最初表現形式是法術、圖騰崇拜、拜物教、萬物有靈論等。後由多神崇拜發展到一神崇拜；由部落宗教演化為民族宗教，以至世界宗教（如佛教、基督教、伊斯蘭教）。

　　宗教部主要包括以下幾類：

一、儒教類；

二、道教類；

三、佛教類；

四、其他宗教類。

第一節　儒教類

　　任繼儒先生首先提出了「儒教是宗教」的觀點，他認為，儒教崇奉的對象是「天地君親師」，它有自己的神靈系統和祭天、祀孔的儀式，皇帝就是教皇，集神權、政權於一身，教主就是孔子；儒教的經典是六經，宋代開始則更加重視《四書》；中央的國學和地方的府、州、縣學就是儒教的宗教組織，學官就是神職人員；儒教不講出世，不主張有一個來世天國，它把在現實中接受禁慾主義世界觀、成聖成賢作為宗教的最高追求；它的教義就是中國封建社會

宗法制度和宗法思想的神化和宗教化〔註1〕。謝謙認為，儒教就是禮教，以禮為教〔註2〕。

我們贊同「儒教就是禮教」的說法，又參考《中國叢書綜錄》儒學類禮教之屬的分類，將儒教類分為經典、鑒戒、家訓、婦女、蒙學、勸學、俗訓。

一、經典

《禮記》第二十六篇《經解》云：

> 孔子曰：「入其國，其教可知也。其為人也，溫柔敦厚，《詩》教也；疏通知遠，《書》教也；廣博易良，《樂》教也；絜靜精微，《易》教也；恭儉莊敬，《禮》教也；屬辭比事，《春秋》教也。故《詩》之失，愚；《書》之失，誣；《樂》之失，奢；《易》之失，賊；《禮》之失，煩；《春秋》之失，亂。其為人也，溫柔敦厚而不愚，則深於《詩》者也；疏通知遠而不誣，則深於《書》者也。廣博易良而不奢，則深於《樂》者也；絜靜精微而不賊，則深於《易》者也；恭儉莊敬而不煩，則深於《禮》者也；屬辭比事而不亂，則深於《春秋》者也。」

可見，古人早已以六經為教。六經關乎教化。在古代，一個讀書人如果不認真學習六經，則會變得愚蠢、狂妄、過分、迷信、煩瑣，甚至於犯上作亂。從「孔家店」到「朱家店」，所慘淡經營的正是被後世認為的「吃人的禮教」。

五經皆為儒教經典，詳見經部，下面重點介紹《孝經》與《四書》。

（一）《孝經》

《四庫全書總目·孝經類序》云：

> 蔡邕《明堂論》引魏文侯《孝經傳》，《呂覽·審微篇》亦引《孝經·諸侯章》，則其來古矣。然授受無緒，故陳騤、汪應辰皆疑其偽。今觀其文，去二戴所錄為近，要為七十子徒之遺書，使河間獻王採入一百三十一篇中，則亦《禮記》之一篇，與《儒行》、《緇衣》轉從其類。惟其各出別行，稱孔子所作，傳錄者又分章標目，自名一經，後儒遂以不類《繫辭》、《論語》繩之，亦有由矣。

〔註1〕李申：《儒學與儒教》，四川大學出版社，2005年版，第405頁。
〔註2〕謝謙：《儒教：中國歷代王朝的國家宗教》，《中國傳統文化與現代化》，1996年第5期。

中間孔、鄭兩本互相勝負，始以開元御注用今文，遵制者從鄭；後以朱子《刊誤》用古文，講學者又轉而從孔。要其文句小異，義理不殊，當以黃震之言為定論（語見《黃氏日鈔》）。故今之所錄，惟取其詞達理明，有裨來學，不復以今文、古文區分門戶，徒釀水火之爭。蓋注經者明道之事，非分明角勝之事也。

陸德明《經典釋文序錄》云：「孔子為弟子曾參說孝道，因明天子、庶人五等之孝。」何休稱：「孔子曰：『吾志在《春秋》，行在《孝經》。』」《孝經》遭秦焚燼，漢代有古文、今文之分。唐初猶行孔安國、鄭康成注。唐玄宗遵用今文，於先儒注中採其允當者為注解。《十三經注疏》本即採用唐玄宗注、宋邢昺疏。

1.《孝經》的內容

《孝經》被稱為「百行之宗，五教之要」（《孝經注疏·序》），它純講孝道，因此被歷代皇帝所重視，用來勸老百姓「孝」，由「孝」以勸「忠」，由是得廁入《十三經》之林。

今本《孝經》僅 1799 字，分為十八章，依次為：

《開宗明義章》，講「孝，德之本也」，又說：「夫孝，始於事親，中於事君，終於立身。」

《天子章》，講「天子之孝」。

《諸侯章》，講「諸侯之孝」。

《卿大夫章》，講「卿大夫之孝」。

《士章》，講「士之孝」。

《庶人章》，講「庶人之孝」。

《三才章》，講「孝，天之經也，地之義也，民之利也」。天、地、人是「三才」。

《孝治章》，講「明王以孝治天下」。

《聖治章》，講「聖人之德無以加於孝」。

《紀孝行章》，講「孝子事親」。

《五刑章》，講「五刑之屬三千而罪莫大於不孝」。

《廣要道章》，講「禮」、「樂」是廣「孝」的「要道」。

《廣至德章》，講教「孝」、「悌」和好好做臣屬。

《廣揚名章》，講孝可移於「忠君」、「順長」、「治官」。

《諫諍章》，講要有「爭臣」、「爭友」、「爭子」，使君上、父親和朋友「不陷於不義」。

《感應章》，講孝「無所不通」。

《事君章》，講如何事君。

《喪親章》，講孝子喪親之道。

朱熹曾經評論《孝經》云：「《孝經》獨篇首六七章為本經，其後乃傳文；然皆齊、魯間陋儒纂取《左氏》諸書之語為之。至有全然不成文理處，傳者又頗失其次第，殊非《大學》、《中庸》二傳之儔也。」〔註3〕

2.《孝經》的著者時代

《孝經》作者有幾種說法：

第一，孔子所作。《漢書‧藝文志》云：「《孝經》者，孔子為曾子陳孝道也。」其後鄭玄的《六藝論》也如此說，《孝經緯鉤命訣》甚至引孔子的話說：「吾志在《春秋》，行在《孝經》。」《援神契》更說得神奇：「孔子製作《孝經》，使七十二子向北辰磬折。」現代學者一般認為，《孝經》不是孔子所作。《孝經》抄了孔子以後的一些書，如《左傳》、《孟子》、《荀子》，孔子怎能預見到他死後一兩個世紀中某些人物會說某些話？《論語》是比較可信的孔丘言行錄，《孝經》的論孝，便和《論語》的論孝大不相同，甚至有矛盾處。

第二，曾子所作。《史記‧仲尼弟子列傳》云：「曾參，南武城人，字子輿，少孔子四十六歲。孔子以為能通孝道，故授之業，作《孝經》。」這一說法，在司馬遷時代未受重視，但兩晉以後，附和者漸多。但取《禮記》和《大戴禮記》曾子論孝諸事和《孝經》比較，相牴觸者不少。如《孝經》主張「父有爭子」，甚至說：「故當不義則爭之，從父之令（指不義之令）又焉得為孝乎？」而《大戴禮記‧曾子事父母上篇》說：「父母之行，中道則從。若不中道，則諫。諫而不用，行之如由己。從而不諫，非孝也。諫而不從，亦非孝也。孝子之諫，達善而不敢爭辯。爭辯者，作亂之所由興也。」一個說不爭就是不孝，一個說爭辯是禍亂發動之源，究竟哪一說是曾子本意？何況《孝經》所用《孟子》、《荀子》諸語，曾於是不可能看到的。所以這一說也不足信。

第三，曾子門人所作。這是宋朝人如胡寅、朱熹開其端，並無實證，只是想像之詞。

第四，子思所作。只見於宋王應麟《困學記聞》引馮椅說，尤不足論。

〔註3〕朱熹：《晦庵集》卷八十四《跋程沙隨帖》。

《呂氏春秋・察微篇》引《孝經》曰：「高而不危，所以常守貴也；滿而不溢，所以常守富也。富貴不離其身，然後能保其社稷，而和其人民。」這一段和《孝經・諸侯章》文字全同。《呂氏春秋》明白地是引《孝經》，可見《孝經》出於呂不韋以前。又《呂氏春秋・孝行覽》云：「故愛其親，不敢惡人；敬其親，不敢慢人。愛敬盡於事親，光耀加於百姓，究於四海，此天子之孝也。」雖然沒有說引自《孝經》，卻和《孝經・天子章》只有個別字不同，可能也引自《孝經》。因之汪中《經義知新記》說：「《孝行》、《察微》二篇並引《孝經》，則《孝經》為先秦古籍明。」

《孝經》襲用《左傳》的，如《左傳・昭公二十五年》「夫禮，天之經也，地之義也，民之行也」幾句，《孝經・三才章》全部照抄，只改「禮」為「孝」。又宣公十三年「進思進忠，退思補過」，《孝經・事君章》照抄。又襄公二十一年「進退可度，周旋可則，容止可觀」等語，《孝經・聖治章》改為「作事可法，容止可觀，進退可度」。這些都是《孝經》作者襲用《左傳》語句。其餘如《孝經・諫諍篇》多襲用《荀子・子道篇》。至於《孝經》襲用《孟子》，雖不是字句全同，但撮取大意，插入可用詞句，痕跡顯然。

綜上所述，在呂不韋集門客作《呂氏春秋》，《孝經》已經流行。但又在《孟子》、《荀子》流行以後。有學者推測，《孝經》初成於先秦之時（作者不詳），而最終編定於漢初〔註4〕。

3.《孝經》的影響

「《孝經》為道之根源，六藝之總會」〔註5〕，歷代封建統治者便利用它為政治服務，以達到他們屢世相傳的政治目的，因而歷代都受推尊。《漢書・藝文志》說：「漢文帝時，《論語》、《孝經》皆置博士。」置博士，類似現在在大學裏設博士點。而且漢代在兒童識字以後，《論語》、《孝經》是必讀書。漢代也提倡「孝」道；自惠帝以後，歷代皇帝諡號前都加一「孝」字，如孝惠帝、孝文帝、孝景帝、孝武帝、孝昭帝等。

《孝經》是古代倫理之書，皇帝多親自為之作注，晉元帝撰《孝經傳》，晉孝武帝有《總章館孝經講義》一卷，梁武帝撰《孝經義疏》十八卷，梁簡文帝撰《孝經義疏》五卷等。現存《十三經注疏》中的《孝經注》是唐玄宗作的。有人認為，《孝經》內容陳腐，文字淺陋，實在值不得一讀。統治者提倡

〔註4〕董治安主編：《經部要籍概述》，江蘇教育出版社，2008年版，第47頁。
〔註5〕錢基博：《古籍舉要》，廣西師範大學出版社，2009年版，第2頁。

以孝治國，以德治國，因此，又特別重視《孝經》。

（二）《四書》

《四庫全書總目・四書類序》云：

> 《論語》、《孟子》，舊各為帙；《大學》、《中庸》，舊《禮記》之二篇。其編為《四書》，自宋淳熙始；其懸為令甲，則自元延祐復科舉始。古來無是名也。然二戴所錄《曲禮》、《檀弓》諸篇，非一人之書，迨立名曰《禮記》，《禮記》遂為一家。即王逸所錄屈原、宋玉諸篇，《漢志》均謂之賦，迨立名曰《楚辭》，《楚辭》亦遂為一家。元丘葵《周禮補亡序》稱「聖朝以六經取士」，則當時固以《四書》為一經。前創後因，久則為律，是固難以一說拘矣。

> 今從《明史・藝文志》例，別立「四書」一門，亦所謂「禮以義起」也。朱彝尊《經義考》於「四書」之前，仍立《論語》、《孟子》二類。黃虞稷《千頃堂書目》，凡說《大學》、《中庸》者，皆附於禮類，蓋欲以不去饎羊，略存古義。然朱子書行五百載矣。趙岐、何晏以下，古籍存者寥寥；梁武帝義疏以下，且散佚並盡。元、明以來之所解，皆自《四書》分出者耳。《明史》併入《四書》，蓋循其實。今亦不復強析其名焉。

《四書》由《論語》、《孟子》、《大學》、《中庸》四種組成，是儒教類最重要的經典。下面我們簡要介紹《論語》、《孟子》的基本情況。

1.《論語》

《論語》是中國讀書人必讀之書。它既是在軸心時代產生的經典之作，也是研究孔子思想的主要文獻。

（1）《論語》的內容和成書年代

《論語》可以看作孔子談話錄，以記載孔子言行為主，兼記孔子某些弟子言行。其思想內容反映了孔子的思想體系，其核心是「仁」。我們要研究孔子和孔門弟子，它是首先應該讀的書。

「論語」之名，最早見於《禮記・坊記》，足見它這書名在漢武帝以前便有了。為什麼叫「論語」，其說不同。兩漢人引《論語》，有稱「孔子曰」的，縱不是孔子的話，也稱「孔子曰」。漢人又把《論語》看為「傳」、「記」，如《漢書・揚雄傳贊》「傳莫大於《論語》」，以《論語》為「傳」的一種；《後漢書・

趙謐傳》引其遺書，謂《記》又曰「喪與其易也，寧戚」，這是《論語·八佾篇》中的話。更可以知道漢人不把《論語》看作經，而看做輔翼經書的傳、記。漢人讀書用竹木簡編綴成冊，寫經書，用長二尺四寸的策（漢尺，合今約55.92 釐米，1959 年甘肅武威所出土漢簡《儀禮》可為實物證明）；若《論語》，據《論衡·正說篇》，便只用八寸為一尺的竹簡。由此也可以證明《論語》只是傳、記。

《論語》編纂成書雖在孔子死（公元前 479）後七十多年，但著筆或者較早，甚至也不是一人的筆墨，如《子罕篇》說：「牢曰：子云：『吾不試，故藝。』」、「牢」是琴牢，自稱「牢曰」，可能是琴牢自己的筆記，為編輯《論語》者所採入。又如《憲問篇》云：「憲問恥。子曰：『邦有道，谷；邦無道，谷，恥也。』」、「憲」是原憲，也就是《雍也篇》的原意。這幾句，也很可能是原憲自己的筆記，為《論語》編纂人所採入。另外又如《子張篇》記「子夏之門人」和子張的問答，那一段話，不是子張學生所記，便是子夏學生所記。因此，《論語》是採輯孔門弟子或者再傳弟子有關筆墨，在戰國初期編纂而成的書，大約在公元前 400 年左右。

（2）《論語》的作用

孔子晚年就有極大的名聲，贏得當時各國的讚美。當時有人稱他為「國老」（《左傳·哀公十一年》）還有人認為他是「聖者」（《論語·子罕》）。孔子死後，他的學生比他做日月，高得不可超越（《論語·子張》）。孔子對中國文化的貢獻的確有豐功偉績。因此，《論語》一書從來就受到尊重。兩漢時兒童最初念書，是先讀識字課本，自秦統一前以至漢代，有各種識字課本，如《史籀篇》、《倉頡篇》、《凡將篇》、《急就篇》等，識字完畢，便讀《論語》和《孝經》。《論語》是讀書人必讀之書。不像「五經」（《詩》、《書》、《易》、《禮》、《春秋》），可以不讀，也可以只通一經；能夠兼通幾種「經書」的便是了不得的儒者。以後的讀書人，可說無人不談《論語》。到南宋朱熹，把《論語》、《大學》、《中庸》、《孟子》集為《四書》，作《四書章句集注》，這四種更成為學習入門書。元仁宗皇慶二年（1313）舉行科舉，考試題目必須在《四書》之內，而且必須以朱熹的注解為根據，一直經過明朝，最後到清末才完全廢除以《四書》命題的八股文考試辦法。《論語》是《四書》的第一部，八股命題少不得《論語》，讀書人要做官，一般非經過科舉不行，《四書》，尤其是《論語》，便成為讀書做官的敲門磚。廢除科舉之後，《論語》仍然是讀書人經常誦讀的

書。既不是敲門磚了，為什麼這書還有不少人讀它呢？《論語》本身有較為廣泛的用途和較大的價值，它是研究中國思想史、文化史、教育史的必讀書，所以直到今天，還是很重要的一部古籍。

（3）《論語》的注本

古注代表性的有：魏何晏撰集解，宋邢昺作疏，合為《論語正義》。宋朱熹撰《論語集注》，清劉寶楠、劉恭冕父子合著《論語正義》，近人程樹德著《論語集釋》，搜集材料相當豐富。楊樹達著《論語疏證》，把三國以前所有徵引《論語》或者和《論語》的有關資料都依《論語》原文疏列，有時加按語，說明自己看法。其中以《論語正義》最為重要。

《論語正義》二十卷　魏何晏集解，宋邢昺疏。昺字叔明，曹州濟陰人。邢昺之疏頗為人稱道，如《中興書目》曰：「其書於章句訓詁名物之際詳矣。」晁公武《讀書志》稱其亦因皇侃所採諸儒之說刊定而成。《四庫提要》亦稱：「今觀其書，大抵翦皇氏之枝蔓，而稍傅以義理。漢學、宋學，茲其轉關。是疏出而皇疏微，迨伊洛之說出而是疏又微。」

今注代表性的有：楊伯峻撰《論語譯注》（中華書局，1980 年版），李澤厚撰《論語今譯》（生活‧讀書‧新知三聯書店，2004 年版），楊逢彬撰《論語新注新譯》（北京大學出版社，2016 年版）。

2.《孟子》

《孟子》是記述孟軻言行以及他和當時人或門弟子互相問答的書，既是在軸心時代產生的經典之作，也是研究孟子思想的主要文獻。

（1）《孟子》與《論語》的異同

《孟子》與《論語》有相同處：第一，《孟子》各篇，沒有有意義的題目，如《墨子》「尚賢」、「非攻」，《莊子》「逍遙遊」、「齊物論」之類，而只是攝取篇首二三個字為篇題。第二，《孟子》每篇之中有若干章，章和章之間沒有什麼邏輯聯繫，各自為章，也和《論語》完全相同。第三，兩漢人把《論語》看成「傳記」，也把《孟子》看成「傳記」，如《漢書‧劉向傳》引「傳」曰「聖人者出，其間必有名世者」，「其間必有名世者」一句見於《孟子‧公孫丑下》，《後漢書‧梁冀傳》引「傳」曰「以天下與人易，為天下得人難」，這二句見《孟子‧滕文公上》；《說文解字》引《孟子‧梁惠王下》「簞食壺漿」，也稱「傳曰」。第四，漢文帝時曾設立傳記博士，《論語》、《孟子》都是「傳記博士」之一。第五，《論語》一書，經常為漢人引用，《孟子》也是如

此，《鹽鐵論》中的賢良文學對丞相御史多用《孟子》語，《漢書・鄒陽傳》引其說王長君「夫仁人之於兄弟無臧（藏）怒，無宿怨」，本於《孟子・萬章上》，《漢書・兒寬傳》敘兒寬對漢武帝問，有「金聲而玉振之」一語，即用《孟子・萬章下》。因此，在兩漢時《孟子》地位僅次於《論語》，為諸子之冠冕。

《孟子》與《論語》有不同處：第一，《論語》講孔子容貌動作相當詳細，尤其《鄉黨》一篇；而《孟子》全書僅記孟子言語和出處。第二，《論語》記到孔子再傳弟子，如曾參死時召門弟子（《論語・泰伯》），又如「子夏之門人小子」（《論語・子張》）；《孟子》僅記孟子和他弟子相問答，不涉及學生的學生。第三，《論語》記孔門弟子僅僅幾個人稱「子」，如「曾子」、「有子」，而《孟子》則除萬章、公孫丑少數人外，多稱「子」，如「樂正子」、「公都子」、「屋廬子」、「孟仲子」之類。

因此，可以作出這樣的結論：「《孟子》仿《論語》而作。」但《論語》編纂於孔子再傳弟子之手，《孟子》大概是萬章、公孫丑二人所記，對同學輩稱「子」，對自己不稱「子」，全書文章風格一致，可能經過孟子親自潤色。至於對當時諸侯都稱諡，尤其是魯平公，死於梁惠王元年之後七十七年，孟子初見梁惠王，惠王就稱他為「叟」，魯平公一定死於孟子後。不但魯平公死於孟子後，梁襄王也死在孟子後，就是齊宣王，也可能比孟子晚死三兩年，這些諸侯的諡，大概是孟軻門徒追加或追改的。《史記・孟子列傳》說：「是以所如者不合，退而與萬章之徒序《詩》、《書》，述仲尼之意，作《孟子》七篇。」這話是大體可信的。

錢基博細緻比較了《論語》與《孟子》的異同，他認為：「《論語》氣平，《孟子》氣激；《論語》辭約而意盡，《孟子》氣盛而言宜；《論語》之發語用『噫』，《孟子》之發語用『惡』；《論語》，正言莊論，多法語之言，《孟子》比物託興，多巽與之辭；《論語》短章多，長章少，《孟子》長章多，短章少。此修辭之不同也。《論語》只言性，而《孟子》直道性善；《論語》只言仁，而《孟子》兼明仁義；《論語》只言志，而《孟子》深論養氣。此樹義之不同也。」其他方面尚有比較，不一一轉述〔註6〕。錢基博又說：「《論語》三言兩語，辭尚體要；《孟子》長篇大論，厥勢雄放。《論語》多體驗於人倫日用，《孟子》卻高論於性天杳冥。一平實，一高朗。然不平實而高朗，好高騖遠，便蹈駕空

〔註6〕黃壽祺：《群經要略》，華東師範大學出版社，2000年版，第201頁。

之弊。讀《論語》後，乃讀《孟子》，方無流弊。」〔註7〕

（2）《孟子》的注釋

古注代表性的有：漢趙岐章句，宋孫奭疏，合為《孟子正義》，已收入《十三經注疏》之中。宋學系以朱熹《孟子集注》影響最大，漢學系以戴震《孟子字義疏證》最為著名，焦循《孟子正義》最為完善。

《孟子正義》十四卷　漢趙岐注，其疏則舊本題宋孫奭撰。趙岐字邠卿，京兆長陵（今陝西咸陽）人。孫奭字宗古，博平人。是注即趙岐避難北海時在孫賓家夾柱中所作。《四庫提要》稱：「《易》、《書》文皆最古，非通其訓詁則不明。《詩》、《禮》語皆徵實，非明其名物亦不解。《論語》、《孟子》詞旨顯明，惟闡其義理而止，所謂言各有當也。」關於其疏是否為宋孫奭撰，《四庫提要》稱：「其疏雖稱孫奭作，而《朱子語錄》則謂邵武士人假託，蔡季通識其人。今考《宋史‧邢昺傳》稱，昺於咸平二年受詔，與杜鎬、舒雅、孫奭、李慕清、崔偓佺等校定《周禮》、《儀禮》、《公羊》、《穀梁春秋傳》、《孝經》、《論語》、《爾雅義疏》，不云有《孟子正義》。《涑水紀聞》載奭所定著，有《論語》、《孝經》、《爾雅正義》，亦不云有《孟子正義》。其不出奭手，確然可信。其疏皆敷衍語氣，如鄉塾講章，故《朱子語錄》謂其全不似疏體，不曾解出名物制度，只繞纏趙岐之說。至岐注好用古事為比，疏多不得其根據。如注謂非禮之禮，若陳質娶妻而長拜之，非義之義，若藉交報仇，此誠不得其出典。至於單豹養其內而虎食其外，事出《莊子》，亦不能舉，則肊陋太甚。朱彝尊《經義考》摘其欲見西施者人輸金錢一文事，詭稱《史記》。今考注以尾生為不虞之譽，以陳不瞻為求全之毀，疏亦並稱《史記》。尾生事實見《莊子》，陳不瞻事實見《說苑》，皆《史記》所無。如斯之類，益影撰無稽矣。以久列學官，姑仍舊本錄之爾。」

今注代表性的有：楊伯峻撰《孟子譯注》（中華書局，1960年版）、《孟子導讀》（中國國際廣播出版社，2008年版），楊逢彬撰《孟子新注新譯》（北京大學出版社，2018年版）。

二、鑒戒

《帝範》四卷　唐太宗撰。大旨主君主本位論。自序謂披鏡前蹤，博覽史籍，聚其要言，以為近誠。凡十二篇：君體第一，建親第二，求賢第三，審官

〔註7〕錢基博：《古籍舉要》，廣西師範大學出版社，2009年版，第17頁。

第四，納諫第五，去讒第六，誡盈第七，崇儉第八，賞罰第九，務農第十，閱武第十一，崇文第十二。書末自稱：「此十二條者，帝王之大綱也，安危興廢咸在茲焉。」唐太宗為中國歷史上屈指可數的英明君主，也是一位教主，其文詞亦有可觀。如《君體》曰：「人者，國之先；國者，君之本。」《求賢》曰：「夫國之匡輔，必待忠良。任使得人，天下自治。帝王之為國也，必藉匡輔之資。」《審官》曰：「智者取其謀，愚者取其力，勇者取其威，怯者取其慎，無智愚勇怯，兼而用之。」又曰：「不以一惡忘其善，勿以小瑕掩其功。」又曰：「有輕才者不可委以重任，有小力者不可賴以成職。」《納諫》曰：「昏主則不然：說者拒之以威，勸者窮之以罪，大臣惜祿而莫諫，小臣畏誅而不言。恣暴虐之心，極荒淫之志。」《去讒》曰：「夫讒佞之徒，國之蟊賊也。爭榮華於旦夕，競勢利於市朝；以其諂諛之姿，惡忠賢之在己上；姦邪之志，恐富貴之不我先。朋黨相持，無深而不入。」《誡盈》曰：「亂世之君，極其驕奢，恣其嗜欲。土木衣緹繡，而人裋褐不全；犬馬厭芻豢，而人糟糠不足。故人神怨憤，上下乖離，佚樂未終，傾危已至。此驕奢之忌也。」《崇儉》曰：「不以身尊而驕人，不以德厚而矜物。」惟自序云：「帝王之業，非可以力爭者矣。」此乃彌天大謊，不足取信於後世。

《帝學》八卷　宋范祖禹撰。《四庫提要》稱：「是書乃哲宗元祐初祖禹在經筵時所進，皆纂輯自古賢君迄宋祖宗務學事蹟以勸講。由伏羲迄宋神宗，每條後間附論斷。自上古至漢唐二卷，自宋太祖至神宗六卷，於宋諸帝敘述獨詳。」

《東宮備覽》六卷　宋陳謨撰。取經史舊文有關於訓儲者匯成一編，凡分二十條，曰始生，曰入學，曰立教，曰師傅，曰講讀，曰宮僚，曰擇術，曰廣誨，曰謹習，曰主器，曰正本，曰問安，曰友悌，曰戒逸，曰崇儉，曰辨分，曰正家，曰規諫，曰幾諫，曰監國。《四庫提要》稱支分縷析，節次詳明。

《大學衍義》四十三卷　宋真德秀撰。是書因《大學》之義而推衍之。首曰帝王為治之序，帝王為學之本。次以四大綱：曰格物致知，曰正心誠意，曰修身，曰齊家，各繫以目。格物致知之目四：曰明道術，辨人材，審治體，察民情。正心誠意之目二：曰崇敬畏，戒逸欲。修身之目二：曰謹言行，正威儀。齊家之目四：曰重妃匹，嚴內治，定國本，教戚屬。中惟修身一門無子目，其餘分子目四十有四。《四庫提要》稱：「皆徵引經訓，參證史事，旁採先儒之論以明法戒，而各以己意發明之。大旨在於正君心，肅宮闈，抑權倖。」

　　《大學衍義補》一百六十卷　明丘濬撰。濬以宋真德秀《大學衍義》止於格、致、誠、正、修、齊，而闕治國、平天下之事，乃採經傳子史，輯成是書，附以己見，分為十有二目。王鏊《震澤紀聞》稱其學問該洽，尤熟於國家掌故。議論高奇，務於矯俗，能以辨博濟其說。《四庫提要》稱：「治平之道，其理雖具於修、齊，其事則各有制置。此猶土可生禾，禾可生穀，穀可為米，米可為飯，本屬相因。然土不耕則禾不長，禾不獲則穀不登，穀不春則米不成，米不炊則飯不熟。不能遞溯其本，謂土可為飯也。真氏原本實屬闕遺，濬博綜旁搜以補所未備，兼資體用，實足以羽翼而行。且濬學本淹通，又習知舊典，故所條列，元元本本，貫串古今，亦復具有根柢。其人雖不足重，其書要不為無用也。」

　　《庭訓格言》一卷　雍正八年，世宗憲皇帝追述聖祖仁皇帝天語，親錄成編，凡二百四十有六則，皆實錄聖訓所未及載者。末條曰：「勸誡之詞，古今名論疊疊，書記中無處不有。其殷勤痛切，反覆丁寧，要之欲人聽信遵行而已。夫千百年以下之人，與千百年以上之人何所關切，而諄諄訓戒若此，蓋欲一句名言提醒千百年以下之人，使知前車之覆而為後車之戒也。後學讀聖賢書，看古人如此血誠教人念頭，豈可草草略過，是故朕常教人看古人書，須念作者苦心，甚勿負前人接引後學之至意也。」

　　《御定執中成憲》八卷　雍正六年春，世宗憲皇帝敕撰。前四卷錄帝堯以來至明孝宗嘉言善政，後四卷皆唐虞至明諸臣論說有所裨於治道者。

　　《御製日知薈說》四卷　乾隆元年，皇上取舊制各體文，刪擇精要，得二百六十則，釐為四卷。第一卷論帝王治化之要，卷二卷論天人性命之旨，第三卷論禮樂法度之用，第四卷論古今得失之跡。

　　《君鑑錄》四卷　清尹會一撰。有《叢書集成初編》本。

　　《臣軌》二卷　唐武則天撰。有《叢書集成初編》本。

　　《臣鑑錄》四卷　清尹會一撰。有《叢書集成初編》本。

三、家訓

　　《顏氏家訓》二卷　北齊顏之推撰。陳振孫《書錄解題》云：「古今家訓，以此為祖。」凡二十篇，述立身治家之法，辨正時俗之謬，以訓世人。《四庫提要》稱：「今觀其書，大抵於世故人情深明利害，而能文之以經訓。故《唐志》、《宋志》俱列之儒家。然其中《歸心》等篇，深明因果，不出當時好佛之

習。又兼論字畫音訓，並考正典故，品第文藝，曼衍旁涉，不專為一家之言。今特退之雜家，從其類焉。」

《太公家教》殘存一卷　唐佚名撰。

《家範》十卷　宋司馬光撰。自顏之推作《家訓》以教子弟，其議論甚正，而詞旨泛濫，不能盡本諸經訓。至狄仁傑著有《家範》一卷，史志雖載其目，而書已不傳。司馬光因取仁傑舊名，別加甄輯，以示後學準繩。首載《周易・家人》卦辭、《大學》、《孝經》、《堯典》、《詩・思齊》篇語則，即其全書之序。其後，自治家至乳母，凡十九篇，皆雜採史傳事可為法則者。《家範》被歷代推崇為家教的範本，全書共十九篇，系統地闡述了封建家庭的倫理關係、治家原則，以及修身養性和為人處世之道。書中引用了許多儒家經典中的治家、修身格言，對我們頗有啟發。還收集了大量歷代治家有方的實例和典範，以為後人樹立楷模。司馬光為人正直，為官清廉，居處得法，舉止有禮，忠信仁孝，治家有方，以身作則，為後人樹立了做人和治家的榜樣。因此他的《家範》更有實際意義。卷二論祖云：「為人祖者，莫不思利其後世，然果能利之者鮮矣。何以言之？今之為後世謀者，不過廣營生計，以遺之，田疇連阡陌，邸肆跨坊曲，粟麥盈囷倉，金帛充篋笥，慊慊然，求之猶未足，施施然，自以為子子孫孫累世用之莫能盡也。然不知以義方訓其子，以禮法齊其家。自於數十年中，勤身苦體以聚之，而子孫於時歲之間奢靡游蕩以散之，反笑其祖考之愚，不知自娛，又怨其吝嗇，無恩於我而厲虐之也。始則欺紿攘竊，以充其欲，不足則立券舉債於人，俟其死而償之。觀其意，惟患其考之壽也，甚者至於有疾不療，陰行酖毒亦有之矣。然則向之所以利後世者，適足以長子孫之惡而為身禍也。」至今讀之，尚未過時，可見其魅力。壯哉溫公！

《家山圖書》一卷　不著撰人名氏。《永樂大典》題為朱子所作，今考書中引用諸說有《文公家禮》，且有朱子之稱，則非朱子手定明矣。其書以《易》、《中庸》、《古大學》、《古小學》參列於圖，而於修身之指歸綱領條分極詳。

《戒子通錄》八卷　宋劉清之撰。《四庫提要》稱其書博採經史群籍，凡有關庭訓者，皆節錄其大要，至於母訓、閫教亦備述焉。

《袁氏世範》三卷　宋袁采撰。《四庫提要》稱：「其書於立身處世之道反覆詳盡，所以砥礪末俗者，極為篤摯。雖家塾訓蒙之書，意求通俗，詞句不免於鄙淺。然大要明白切要，使覽者易知易從，不失為《顏氏家訓》之亞。」

四庫著錄雜禮書五部：《書儀》、《家禮》、《泰泉鄉禮》、《朱子禮纂》、《辨

定祭禮通俗譜》。《四庫全書總目》解釋說：「公私儀注，《隋志》皆附之禮類，今以朝廷製作事關國典者隸史部政書類中，其私家儀注無可附麗，謹匯為雜禮書一門，附禮類之末，如律呂諸書皆得入經部樂類例也。」儀注，指制度、儀節。這是以公私著作的不同，而將同一性質的禮書分為兩處〔註8〕。今移至於此。

《書儀》十卷　宋司馬光撰。卷一為表奏、公文、私書、家書，卷二為冠儀，卷三、卷四為婚儀，後六卷為喪儀。朱子稱：「二程、橫渠多是古禮。溫公則大抵本《儀禮》，而參以當時之可行者。要之，溫公較穩，其中與古不甚遠，是七八分好。若伊川禮，則祭祀可用，婚禮惟溫公者好。」〔註9〕舊時士大夫私家關於書札體式、典禮儀注的著作，通名書儀。《隋書·經籍志》、《新五代史》和《崇文總目》著錄有關的著作甚多，現僅存宋司馬光《書儀》。

《家禮》八卷　舊本題宋朱熹撰。據王懋竑《白田雜著》所考，蓋依託之偽書。自明以來坊刻竄亂，殆不可讀。四庫館臣所見者為鄧鍾嶽所刻，猶宋人原帙。現代學者認為，此書不偽。朱熹之學規仿司馬光，此亦其一也。

四、婦女

《女誡》一卷　漢班昭撰。載《說郛》卷七十下。

《女孝經》一卷　唐鄭氏撰。鄭氏，朝散郎侯莫陳邈之妻。其書仿《孝經》分十八章，章首皆假班大家以立言，《進表》所謂「不敢自專，因以班大家為主」。載《說郛》卷七十下。

《尚宮女論語》一卷　唐宋若昭撰。貝州清陽人。父庭芬次女。凡十篇，其言模仿《論語》，頗有理致。載《說郛》卷七十下。

《女範》一卷　胡氏撰。載《說郛》卷七十下。

《女學》六卷　清藍鼎元編。鼎元謂劉向《列女傳》擇而不精，鄭氏《女孝經》精而不詳，至《女訓》、《女史》、《閨範》、《女範》等書，尤為鄙陋淺率，因採經傳格言，參摭史傳，分為德、言、容、工四篇，章區類別，間綴論斷，體例則本之朱子《小學》。

《女教經傳通纂》二卷　清任啟運撰。是編仿宋朱子《小學》之例。分十

〔註8〕北京大學圖書館學系、武漢大學圖書館學系：《圖書館古籍編目》，中華書局，1985年版，第185頁。

〔註9〕四庫本《御纂朱子全書》卷三十八。

三類：立教、敬身、笄禮、昏禮、事父母舅姑、謹夫婦、辨內外、逮妾媵、生子、勤職、祭禮、喪禮、貞節。

《閨範》四卷　明呂坤撰。前一卷為嘉言，皆採六經及《女誡》、《女訓》諸文，略為解釋。後三卷為善行，分女子、婦人、母道。《四庫提要》稱文頗淺近，通俗易懂。

《內訓》一卷　明仁孝文皇后撰。觀《女憲》、《女誡》諸家，約其要義，凡二十篇：曰德性，曰修身，曰慎言，曰謹行，曰勤勵，曰警戒，曰節儉，曰積善，曰遷善，曰崇聖訓，曰景賢範，曰事父母，曰事君，曰事舅姑，曰奉祭祀，曰母儀，曰睦親，曰慈幼，曰逮下，曰待外戚。

《御定內則衍義》十六卷　順治十三年清世祖御定。以《禮記‧內則》篇為本，援引經史諸書，以左證推闡之。全書分為八綱三十二子目：一曰孝之道，分事舅姑、事父母二子目，二曰敬之道，分事夫、勸學、佐忠、贊廉、重賢五子目，三曰教之道，分教子、勉學、訓忠三子目，四曰禮之道，分敬祭祀、肅家政、定變、守貞、殉節、端好尚、崇儉約、謹言、慎儀九子目，五曰讓之道，分崇謙退、和妯娌、睦宗族、待外戚四子目，六曰慈之道，分逮下、慈幼、敦仁、愛民、宥過五子目，七曰勤之道，分女工、飲食二子目，八曰學之道，分好學、著書二子目。

五、蒙學

《童蒙訓》三卷　宋呂本中撰。《四庫提要》稱：「所記多正論格言，大抵皆根本經訓，務切實用，於立身從政之道深有所裨。」開篇曰：「學問當以《孝經》、《論語》、《中庸》、《大學》、《孟子》為本，熟味詳究，然後通求之《詩》、《書》、《易》、《春秋》，必有得也。既自做得主張，則諸子百家長處皆為吾用矣。」

《少儀外傳》二卷　宋呂祖謙撰。《四庫提要》稱：「其書為訓課幼學而設，雜引前哲之懿行嘉言，兼及於立身行已應世居官之道，不專主於灑掃進退之末節。此書則採輯舊文，體例近朱子《小學》。」

《御定小學集注》六卷　雍正五年，清世宗詔儒臣因明臣陳選《集注》而訂正刊行之者。朱子作《小學內外篇》，以啟迪童蒙，選取經傳中有關幼儀的論述，分類條繫，又以史事引而申之。宋儒重視養正之功與立教之本。陳選撰為此注，隨文衍義，務取明白曉暢，使鄉塾學童一覽而得其意義，實為較好之

啟蒙讀物。

《純正蒙求》三卷　元胡炳文撰。《蒙求》,自李瀚以下仿其體者數家,大抵雜採經傳事實,排比鋪陳,以為童蒙記誦之助。是書則集古嘉言善行,各以四字,屬對成文,而自注其出處於下,所載皆有益於幼學之事。上卷敘立教明倫之事,中卷敘立身行己之事,下卷敘待人接物之事。《四庫提要》稱其啟迪較為切近。

《六藝綱目》二卷　元舒天民撰。是書取《周禮·保氏》六藝之文,因鄭康成之注,標為條目,各以四字韻語括之。如「六書」條,先標條目:「周禮漢律,皆當學六書,貫通其意。」再括之以四字韻語:「上古聖人,曰伏羲氏。仰觀天文,俯察地理。始畫八卦,乃造書契。爰命朱襄,六書是啟。以代結繩,文籍生矣。黃帝史臣,倉頡沮誦。復廣六書,大哉功用!」四庫本又有舒恭注、趙宜中附注,文繁不錄。

六、勸學

《白鹿洞規條》二十卷　宋朱熹撰。五教之目:「父子有親,君臣有義,夫婦有別,長幼有序,朋友有信。」為學之序:「博學之,審問之,慎思之,明辨之,篤行之。」修身之要:「言忠信,行篤敬,懲忿窒欲,遷善改過。」處事之要:「正其誼不謀其利,明其道不計其功。」接物之要:「己所不欲,勿施於人;行有不得,反求諸己。」從宋理宗到清高宗,曾親書朱熹《白鹿洞規》以賜國子監。此書對於中國書院文化產生了深遠的影響。如晚明創立的東林書院,大會四方之士,歲一大會,月一小會,以《白鹿洞規》為教。任繼儒等人認為,朱熹是儒教最重要的思想家,他建立了一套龐大的政教合一的儒教思想體系,而《白鹿洞規》是其施政方針。

《白鹿洞規條目》二十卷　王澍撰。是編取朱子《白鹿洞規》為綱,而分類條析,證以經史百家之語。

《朱子讀書法》四卷　宋張洪等編。其書本朱子門人輔廣所輯而補訂之,以輔氏原本為上卷,而以所續增者列為下卷。朱子讀書法凡六條:一曰居敬持志,二曰循序漸進,三曰熟讀精思,四曰虛心涵泳,五曰切己體察,六曰著緊用力。

《讀書分年日程》三卷　元程端禮撰。自序謂一本輔廣所萃《朱子讀書法》修之。每年月日讀書程限不同,皆以朱子讀書法六條為綱領。是書又名「讀書

工程」，當時國子監以頒示郡縣。

《朱子論學切要語》二卷　清王懋竑撰。其《朱子年譜》大旨在辨別為學次序，以攻姚江晚年定論之說，故於學問特詳，於政事頗略。此書原為《朱子年譜》之附錄，兼採朱子論學之語。

《勸學篇》二卷　清張之洞撰。在晚清鉅子張之洞的大量著作中，《輶軒語》、《書目答問》、《勸學篇》尤為引人注目。此論學三書自成一系，有如連環——《輶軒語》為讀書門徑，《書目答問》為購書門徑，而《勸學篇》則為晚清官方學術門徑，它「對於中學、西學的鬥爭做了一個官方的結論」〔註10〕。大體而言，三書亦各有分工：《勸學篇》回答為什麼（Why）讀，《書目答問》回答讀什麼（What），《輶軒語》回答怎麼（How）讀。

七、俗訓

《琴堂諭俗編》二卷　應俊輯補鄭玉道《諭俗編》、彭仲剛《諭俗續》二家之書為一編。其書大抵採擷經史故事關於倫常日用者，旁證曲喻，以示勸誡，故曰「諭俗」。

《自警編》九卷　宋趙善璙撰。其書編次宋代名臣大儒嘉言懿行之可為法則者，凡學問類子目三，操修類子目十二，齊家類子目四，接物類子目七，出處類子目五，事君類子目十一，政事類子目十一，拾遺類子目二，共八類五十五目。仿《言行錄》之體，而稍變其義例。

《辨惑編》四卷　元謝應芳撰。其目凡十五：一曰死生，二曰疫癘，三曰鬼神，四曰祭祀，五曰淫祀，六曰妖怪，七曰巫覡，八曰卜筮，九曰治喪，十曰擇葬，十一曰相法，十二曰祿命，十三曰方位，十四曰時日，十五曰異端。《四庫提要》稱此書持論雖似乎淺近，而能因風俗而藥之，用以開導愚迷，有益於勸誡。

《陽明鄉約法》一卷　明王守仁撰。其法有約長、約副、約正、約史、知約、約贊諸人，已極繁瑣，欲以約長代《周官》比長黨正之法。旨在易民俗。

《慎言》十三卷　明王廷相撰。《四庫提要》稱其持論不詭於正。

《人譜》一卷，《人譜類記》二卷　明劉宗周撰。《四庫提要》稱其學以慎獨為宗，闡姚江之緒論，而加以謹嚴切實。是書乃其主蕺山書院時所述之講義。

〔註10〕馮友蘭：《中國哲學史新編》下冊，人民出版社，1999 年版，第 559 頁。

《存人編》一卷　清顏元撰。是書為其《四存編》之四。前二卷一名《喚迷塗》，皆以通俗之詞，勸喻僧尼道士歸俗，又戒儒者談禪、百姓尊奉邪教。

《聖諭廣訓》一卷　清世宗撰。清聖祖頒「聖諭十六條」：敦孝悌以重人倫、篤宗族以昭雍睦、和鄉黨以息爭訟、重農桑以足衣食、尚節儉以惜財用、隆學校以端士習、黜異端以崇正學、講法律以儆愚頑、明禮讓以厚風俗、務本業以定民志、訓子弟以禁非為、息誣告以全善良、誡匿逃以免株連、完錢糧以省催科、聯保甲以弭盜賊、解讎忿以重身命。雍正帝推繹為《廣訓》，約萬餘言。

《教民恒言》一卷　清魏裔介撰。是書本「聖諭十六條」，衍為通俗之詞，反覆開闡，以訓百姓。

第二節　道教類

在道教的發展過程中，湧現出很多影響深遠的經典著作，現擇其要予以簡要介紹。

《道德經》　即《老子》，見道家類。

《南華真經》　即《莊子》，見道家類。

《沖虛真經》　即《列子》，見道家類。

《通玄真經》　即《文子》，十二篇，周人辛鈃撰。唐天寶元年（742）詔封文子為通玄真人，尊《文子》為《通玄真經》。其言悉宗老子，《漢志》稱其為老子弟子，道教沿用此說，並加以神化。《四庫提要》稱：「宗元指是書為駁書，譏其渾而類者少，凡孟子輩數家皆見剽竊，疑眾為聚斂以成書，然其理道深至，筆力勁練，非周秦間人不能為，與《關尹》、《亢倉》偽作者迥別。」主旨為釋老子之「道」，對清淨、無為、柔弱、虛無等多所闡發。

《洞靈真經》　即《亢倉子》，或稱《亢桑子》、《庚桑子》。一卷，舊本題庚桑楚撰。唐柳宗元嘗疑之，宋晁公武《讀書志》、高似孫《子略》皆稱，唐開元、天寶間，尊《庚桑子》為《洞靈真經》，求其書不獲，襄陽處士王士源採諸子文義類者撰而獻之。此書乃王士源補撰，原非偽託。《四庫提要》稱：「其書雖雜剽《老子》、《莊子》、《列子》、《文子》、《商君書》、《呂氏春秋》、《說苑》、《新序》之詞，而聯絡貫通，亦殊亹亹有理致，非他偽書之比。」凡九篇，曰《全道篇》、《用道篇》、《政道篇》、《君道篇》、《臣道篇》、《賢道篇》、《訓道篇》、《農道篇》、《兵道篇》。《用道篇》曰：「天不可信，地不可信，人

不可信，心不可信，惟道可信。」《政道篇》曰：「信全則天下安，信失則天下危。」又曰：「夫服役樂業之謂順，歡欣交通之謂和，貴德知恥之謂正。浮墮之人不勝於順，逆節之人不勝於和，姦邪之人不勝於正。順、和、正三者，理國之宗也。」《君道篇》曰：「用天下人愛者則天下安，用主獨愛者則天下危。」又曰：「夫國以人為本，人安則國安，故憂國之主務求理人之材。」《臣道篇》云：「明主用上等之人，當委以權宜便事，肆其所為；用中等之人，則當程課其功，示以賞罰。」《賢道篇》云：「夫天下有道，則賢人不求而自至；天下無道，則非賢不求而自至。人主有道者寡，無道者眾。天下賢人少，不肖者多，是知非賢不求而自至者多矣。」唐何粲注本收入《四庫全書》。

　　《太平經》　東漢道教的重要經典。上承老子思想，且神化老子，推尊為後聖、九玄帝君，為至尊之天神。經書多用道家及陰陽五行家言辭，宣揚精氣神三者混一的長生不死的神仙思想和天地人三者合一的廣嗣興國統治術。《太平經》對當時張角傳播太平道有所啟發與幫助，對五斗米道也有影響。王明撰《太平經合校》，使《太平經》的面貌得以復原。

　　《周易參同契》　東漢魏伯陽撰。分上中下三篇，將「大易」、「黃老」、「爐火」三者參合，附會黃老思想，假託《周易》象數原理，以論述煉丹修仙之法。朱子《周易參同契考異》云：「參，雜也；同，通也；契，合也。謂與《周易》理通而義合也。其書假借君臣，以彰內外；敘其離坎，直指汞鉛；列以乾坤，奠量鼎器；明之父母，保以始終；合以夫妻，拘其交媾；譬諸男女，顯以滋生；析以陰陽，導之反覆；示之晦朔，通以降騰；配以卦爻，形於變化；隨之斗柄，取以周星；分以晨昏，昭諸刻漏，莫不託《易》象而論之，故名《周易參同契》云。」究心丹訣，非儒者之本務，乃道士之功課，故此書被道教徒奉為「丹經之祖」，對道教修煉術影響甚大。此書注釋之作甚多，以後蜀彭曉所撰《周易參同契通真義》較為可信。

　　《老子化胡經》一卷　西晉道士王浮撰。王浮與沙門白遠每爭佛道之邪正，王浮屢屈，乃作《老子化胡經》，鋪敘老子西入天竺變身為佛，教化胡人為浮屠，佛教由此而起之事。後人陸續增廣，改編為十卷。

　　《老子想爾注》　原書二卷，佚失已久，敦煌本《老子想爾注》殘卷現藏英國倫敦不列顛博物館。《老子想爾注》為道門傳授的必讀經典，其思想內容多與《太平經》相合，以「道」為最高信仰，解「道」為「一」，「一散形為氣，聚形為太上老君」。饒宗頤撰《敦煌本老子想爾注校箋》、《〈老子想爾注〉校證》。

　　《陰符經》一卷　舊本題黃帝撰。朱子云：「《陰符經》三百言，李筌得於石室中，云寇謙之所藏，出於黃帝。河南邵氏以為戰國時書，程子以為非商末則周末。世數久遠，不得而詳知。以文字氣象言之，必非古書。然非深於道者不能作也。大要以至無為宗，以天地文理為數，謂天下之故，皆自無而生有，人能自有以返無，則宇宙在手矣。」關於作者及成書時代，論說甚多，或以為戰國秦漢之書，或以為北魏寇謙之撰，王明認為出於北朝一隱者，《中國道教大辭典》定為唐以前道教古籍。經文有 300 餘字及 400 餘字兩種，朱子撰《陰符經考異》一卷，考定其文中自人以愚虞聖而下 114 字皆為經文。《陰符經》在道教史上與《道德經》、《南華真經》並列，係道教修煉專書。其書雖晚出，而深有理致，故道流儒士多為注釋，或以為兵家權謀之書，或解以道家之言，宋元道士多以內丹功法注經，學者則以儒家性理之說釋之。《正統道藏》所收注本逾 20 種。

　　《黃庭經》　分為《黃庭內景玉經》、《黃庭外景玉經》。《黃庭經》為上清派重要經典，全真教功課之一。該經闡述道教內修醫理根據，強調固精練氣，提示長生久視要訣，教內譽為「壽世長生之妙典」。「內景」修煉須誦咒語，「外景」修煉強調調息、藏精、咽津。東晉以來，研誦《黃庭經》之風極盛。著名道教學者陳攖寧撰《黃庭經講義》。

　　《化書》六卷　五代譚峭撰。峭為唐國子司業洙之子，師嵩山道士，得辟穀養氣之術，見沈汾《續仙傳》中。書凡六篇，曰《道化》、《術化》、《德化》、《仁化》、《食化》、《儉化》。其說多本黃老、道德之旨，稱世界起源於虛，最後復歸於虛，《道化》稱，「虛化神，神化氣，氣化形」；「形化氣，氣化神，神化虛」。又以「虛實相通」為大同境界。

　　《悟真篇》　宋張伯端撰。內丹主要著作之一。是書專明金丹之要，與《周易參同契》並道家所推為正宗。原書極為深奧，學道者罕得真解。翁葆光始析為三篇，作注以申繹其義，又附以《悟真直指詳說》一篇，其說實能括丹家之秘。《悟真篇》注釋雖多，其明白切要，未有能過於是本者。

　　《抱朴子內篇》二十卷　晉葛洪撰。退居羅浮山，煉丹著書，推明導養黃白之術，自號抱朴子，因以名書。其書系統論述了吐納、胎息、導引、行氣之大要，是研究古代氣功的重要文獻。又對道教其他方術，舉凡養生、醫術、仙藥、辟穀、房中術、禁咒等皆述其要。王明撰《抱朴子內篇校釋》（中華書局，1985 年版）。

《雲笈七籤》一百二十二卷　宋張君房撰。道教稱書籍為雲笈，分道書為三洞（洞真、洞玄、洞神）、四輔（太元、太平、太清、正一），總成七部，天寶君說洞真為上乘，靈寶君說洞玄為中乘，神寶君說洞神為下乘，又太元、太平、太清為輔經，又正一法文遍陳三乘，別為一部，統稱「三洞真文」。君房以道經總旨不出於此，故名之曰「七籤」。詮敘之例，自一卷至二十八卷，總論經教宗旨及仙真位籍之事，二十九卷至八十六卷，則以道家服食、煉氣、內丹、外丹、方藥、符圖、守庚申、尸解諸術，分類縷載，八十七至一百二十二卷，則前人文字及詩歌傳記之屬，凡有涉於道家者悉編入焉。《四庫卷首提要》稱此書「類例既明，指歸略備，綱條科格，無不兼該，足為道家總匯」。現存版本以蒙古乃馬真後本最早，《道藏》本基本保持宋本舊貌。今有中華書局整理本。

《正統道藏》　明成祖即位之初，敕令第四十三代天師張宇初編修道藏，正統九年始行刊板，次年竣工，名曰《正統道藏》，共 5305 卷，480 函，按三洞、四輔、十二類分類，以《千字文》為函目，自天字至英字，係經折本。當時缺少著名道教學者參與其事，故分部混淆，又搜訪未周，成書倉促，多有遺漏。主要依據宋代《政和道藏》編纂而成。內容龐雜，除道教經書外，還收錄諸子百家部分著作，為研究中國宗教、哲學、歷史、文學藝術思想以及醫學、藥物學、化學、天文、地理等科學技術的重要資料。明道藏刻板在 1900 年八國聯軍入侵北京時全部焚毀，此前已印成的經書也只有北京白雲觀收藏的一部尚基本完整。

《萬曆續道藏》　編纂《正統道藏》時，因為搜訪不周，缺漏甚多，萬曆三十五年，第五十代天師張國祥奉旨校刊「續道藏」，亦以《千字文》為函目，自杜字至纓字。凡 32 函，180 卷。《正統道藏》收入全真道典較多，《萬曆續道藏》則主要是天師道系統的道書。

《道藏輯要》　清康熙年間，彭定求收道書 173 種，編成《道藏輯要》。光緒年間又增至 287 種，新增部分皆為明《道藏》未收之書。按二十八宿字號，編為二十八集。道教經典，歷代祖師、真人著作，悉為收錄，實為道藏之節本。1987 年，美國世界宗教高等研究所出版《道藏輯要指南》一書，附錄了多種索引。

《藏外道書》　胡道靜、陳耀庭主編。收錄正續《道藏》之外的道書，根據圖書的內容特點分為古佚道書、經典、教理教義、攝養、戒律善書、儀範、

傳記神仙、宮觀地志、文藝、目錄、其他等十一類，不再沿用「三洞、四輔、十二類」的傳統分類法。匯為 36 冊，由巴蜀書社出版。由於新發現的失收道書甚多，《藏外道書》工程尚需繼續努力。

《道藏精華錄》　守一子（即丁福保）編纂。是書以《雲笈七籤》、《修真十書》及《道貫真源》為核心，從《道藏》、清代道書及近人著述中選擇要籍百種，共一百四十八卷。入選者皆為道書之精華，便於研讀。

《道藏精華》　臺灣道教學者蕭天石編輯，凡 17 集 73 冊。所收道經側重於養生文化方面，尤其是明末清代以來有關道教內丹學與醫學的著作。其中所選古本、孤本、抄本秘籍達 800 餘種，注釋集解者逾千家。

《中華道藏》　由中國道教協會發起並組織學者編纂，以正續《道藏》為底本，按三洞、四輔分類，全套叢書分為三洞真經、四輔真經、道教論集、道法眾術、道教科儀、仙傳道史、目錄索引七大部類。全書共 49 巨冊。

《中華續道藏》　由臺灣新豐文出版公司發起編纂，收錄正續《道藏》以為之道書，其收書範圍與《藏外道書》大體相同，但分類不一致，類目更為細緻多樣。

《道藏提要》　任繼愈主編，中國社會科學出版社，1991 年出版。仿照《四庫全書總目》的體例，旨在簡要介紹《道藏》所收各書的內容梗概，考訂其成書年代與作者。

《道藏分類解題》　朱越利撰。不再沿用「三洞、四輔、十二類」的傳統分類法，參照中圖法，分為哲學、法律、軍事、文化、體育、語言文字、文學、藝術、歷史、地理、化學、天文學、醫藥衛生、工業技術、綜合性圖書等十五部三十三類。解題簡明扼要，且對一些比較重要的經典的年代與作者作了考證。

第三節　佛教類

一、三藏結集

釋迦牟尼滅度後，僧團中有不守戒律者，摩訶迦葉諸大弟子深以為憂，為防止此等垢瀆佛法的事情繼續發生，遂有集眾編纂佛語之議。在佛滅後數月，於摩揭陀國王舍城外的畢鉢羅窟內，由摩訶迦葉會集上座比丘五百人，結集三藏聖教。其時，由佛弟子多聞第一的阿難誦出經藏，由持律第一的優波離誦出

律藏，由說法第一的富樓那誦出論藏。復經大眾同意，定為佛說。前後歷時七月，完成結集。由於這次結集在畢波羅窟內，後人稱此為「窟內結集」，或「上座部結集」。窟內結集僅五百上座比丘參加，尚有未參加篩選的佛弟子眾，亦別為集會，以婆師婆為上首，結集五藏。五藏即經藏、律藏、論藏、雜藏、咒禁藏。因其結集在畢波羅窟外，後人稱此為「窟外結集」或「大眾部結集」。佛滅後百年，有比丘苦於戒律太嚴，倡議重訂，長者耶舍乃邀請大比丘七百人，於毗舍離城重勘律文，結果上座保守派勝利，否決從寬之議，仍恪遵釋迦牟尼遺制。後人稱此為七百結集，或第二次結集。佛滅後二百三十餘年，阿育王篤信佛法，對僧眾供養極為優厚，外道徒眾有窮於衣食者，乃作比丘形，入僧團，改篡佛典，擾亂佛義，佛徒被誘入邪見者甚眾，這時阿育王親迎目犍連子帝須尊者為上首，選出精通三藏之比丘千人，集於波吒利佛城整集正法，淘汰魔僧，此為第三次結集。佛滅後四百年，印度犍馱羅國迦膩色迦王崇信佛法，極力弘布，日請一僧入宮說法，同一經題，說者多有相異之處，王以此問脅尊者，尊者說：「去佛日遠，諸師漸以己見滲入教典，現當重新結集，以定其義。」王接受尊者的建議，乃招大德尊者五百人於迦濕彌羅城，從事三藏注釋，歷時十二年。造經律論三藏注解各十萬頌。此即有名之《大毗婆沙論》。此為第四次結集。釋迦牟尼的遺教，經過數次結集後，卷帙浩繁，內容豐富。我國的經典，漢、魏、六朝、唐、宋各代均有翻譯，至今日所傳之藏經，或五千餘卷，或八千餘卷。世界上宗教，言經典之豐富，教理之圓融，實未有超出乎佛教之右者。

二、佛教大藏經

　　大藏經，古代或稱為一切經。是將由印度和西域傳譯到中國的大小乘經、律、論及賢聖集傳彙編而成的一大叢書。在古代刻板技術尚未發明以前，一切經都是抄寫的。寫經是卷子式。專司寫經的人稱為經生。到宋代以後才有木刻本的大藏經。佛教經論在中國的流傳，經過歷代的翻譯，以至彙集、編次而逐步成為各種不同文字的大藏經，實在是一件偉大的事業。佛教從漢明帝時（公元 1 世紀）傳入中國以後，佛經翻譯逐漸增多。但所譯經典，在初期都是散在各地的。即以目錄而論，或以人分，或依地分，或按時代，也都是分別記載未經整理的。到苻秦的釋道安（314～385）才綜集群經，纂成完整的目錄，但是還未有一切經藏的編次。據僧祐《出三藏記集》所載《法苑雜緣原始集目錄》

中有《定林上寺建般若臺大雲邑造經藏記》、《定林上寺太尉臨川王造鎮經藏記》、《建初寺立般若臺經藏記》。太尉臨川王是梁武帝蕭衍的兒子蕭宏。大約經藏的建立盛行於梁代。到了梁武帝天監十四年（515）命僧紹撰《華林殿眾經目錄》，後 3 年又敕寶唱改定，撰《梁代眾經目錄》，收錄經典共 1433 部，3741 卷〔註 11〕。這便是整理皇家所藏的經藏了。同時在北朝也有整理經藏之舉。魏孝武帝永熙年中（532～534）舍人李廓撰《魏世眾經目錄》，共 427 部，2053 卷。北齊武平年中（570～575）沙門法上也撰了《齊世眾經目錄》，共 787 部，2334 卷〔註 12〕。自此以後，抄寫經藏之風盛行。陳武帝（557～559）寫一切經十二藏，文帝（560～567）也令寫經五十藏，宣帝（569～582）又令寫經十二藏。當時朝臣之中徐陵寫經一藏，江總寫一切經 3752 卷。在北朝，魏道武帝（386～408）早就令寫一切經。司徒北海王元詳和司牧高陽王元雍也書寫一切經十二藏。這二人都是獻文帝（441～475）的兒子。其後北齊孝昭帝（560～561）為他的父親寫一切經十二藏，共 38047 卷。齊廣寧王高衍也寫經三千餘卷，北周刺史馮熙寫一切經 16 部。《廣弘明集》中還載有周王褒撰《周經藏願文》，魏牧撰《北齊三部一切經願文》。到了隋代（582～619），隋文帝敕寫一切經 46 藏，132086 卷。隋煬帝曾建寶臺經藏，並自撰願文，新舊寫經 612 藏。從這些記載上看，各地經藏的部數、卷數，尚未劃一。仁壽二年（612）彥琮的《眾經目錄》，入藏見錄有 688 部，2533 卷，這很可能就是寶臺經藏的目錄。唐初貞觀五年（631）太宗令苑內德崇寺、宜興寺為皇后書寫藏經，九年（635）又敕大總持寺僧智通、秘書郎褚遂良在苑內寫一切經。十一年（637）太子李治在延興寺造一切經。高宗顯慶四年（659）西明寺也寫成一切經藏。此後各大寺院都書寫一切經藏。靜泰的《東京大敬愛寺一切經論目錄》有 816 部，4066 卷。道宣撰《大唐內典錄》中的《歷代眾經見入藏錄》就是西明寺寫經的依據，總 809 部，3361 卷。明佺的《大週刊定眾經目錄》有 860 部，3629 卷。釋智升的《開元釋教錄》中入藏目錄增至 1076 部，5048 卷。這個數目成為唐、宋藏經的基本數目。到貞元中（785～804）續修經錄，入藏部帙增加了 137 部，343 卷。以上各經藏的編集，大概都是根據大乘經、大乘律、大乘論、小乘經、小乘律、小乘論，賢聖集傳而分類編次的。各類經典的排列，在經目中通常用千字文的次序編排，每十卷為一帙，每帙順序用千字文中一字為標

〔註11〕 《歷代三寶記》卷一五。
〔註12〕 《歷代三寶記》卷一五。

號，以便尋檢。每經抄寫用紙張數也注明在目錄之內，以便核對。所以通常說，漢文大藏經的編次是到唐代《開元釋教錄》才完備的。到了宋初，雕板事業興起，於是有木刻本的大藏經。從宋太祖時雕印大藏經開始，一千年之間，先後有二十餘次刻本。到了現在，除清藏外，不僅原板無存，就是印造的藏經也成為稀有名貴的文物。

漢文大藏經可分為國內刻本和國外刻本兩種。今分別略述如下：

（一）國內刻本

宋開寶刊蜀本大藏經　簡稱「開寶藏」或「蜀本藏」。這是中國第一部刻本大藏，以書法端麗嚴謹、雕刻精良著稱。現在無全本，流傳的數卷用黃麻紙精工刷印，是宋版精品之一。

宋婺州開元寺大藏經　婺州是今浙江金華縣。此藏今不傳。

宋契丹本大藏經　即是遼國所刻，簡稱「契丹藏」或「遼藏」。近年在山西應縣木塔發現少數殘卷。

宋福州東禪等覺禪院大藏經　簡稱「崇寧藏」。東禪等覺院住持沖真發起，創建印藏經院，以神宗元豐初（1078）開始，經慧榮、沖真、智華，了元、智賢、契璋、普明等募集眾緣，至徽宗崇寧二年（1103）始竣工。

宋福州開元寺大藏經　簡稱「毗盧藏」。福州兩藏，國內已無全本，日本所存福州藏多是兩藏配合而成。

宋湖州思溪圓覺院大藏經　簡稱「圓覺藏」。約在北宋末年開雕，南宋紹興二年竣工。全藏 548 函，千字文編次天字至合字，共 1435 部，5480 卷。

金解州天寧寺大藏經　解州即今山西解縣。此藏世久不知名，1933 年於山西趙城縣廣勝寺發現。因通稱為「金藏」或「趙城藏」。現藏於國家圖書館，與《四庫全書》、敦煌遺書等並稱為四大鎮館之寶。

宋平江府磧砂延聖院大藏經　平江府即今江蘇吳縣，磧砂在吳縣東南 35 里陳湖地方。此藏世簡稱「磧砂藏」或「延聖寺藏」。

元杭州路餘杭縣大普寧寺大藏經　簡稱「普寧藏」或「元藏」。元至元十四年開雕，至元二十七年竣工。全藏 559 函，千字文編次天字至感字，共 1430 部，6004 卷。

明洪武本大藏經　此即明南本大藏經的祖本，簡稱「洪武南藏」，亦稱「初刻南藏」。明洪武五年（1372）敕令於金陵蔣山寺開始點校，至洪武三十一年（1398）刻成。板存金陵大禧寺，不久即被焚毀。所以世間流傳極少。全

藏約有 1600 部，7000 餘卷，絕大部分是翻刻磧砂藏本。1934 年在四川崇慶縣上古寺發現此藏，共存 678 函。板式每半頁 6 行，每行 17 字。現移藏於成都圖書館。

明南本大藏經　此即世所稱「永樂南藏」。明永樂中重刊洪武本，而略有更改。板存金陵報恩寺。創刻年代約在永樂十年至十五年（1412～1417），刊成在永樂十七年（1419）。據《大明三藏聖教南藏目錄》卷末所附請經條例中云：「此掘報恩寺藏經板一副看得，原係聖祖頒賜以廣印行。」全藏自天字至石字，凡 636 函，1610 部，6331 卷。

明嘉興楞嚴寺方冊本大藏經　簡稱「嘉興藏」，又稱「萬曆藏」或「徑山藏」，是密藏、道開等發願於萬曆末年在嘉禾（今浙江嘉興）楞嚴寺所創刻。

清大藏經　簡稱「龍藏」。清世宗雍正十三年（1735）敕刻，至高宗乾隆三年（1738）竣工。全藏總計 1669 部，7168 卷，自天字至機字，凡 724 函。板式與「永樂北藏」一致。

商務印書館影印續藏經　此是 1922 年用日本藏經書院續藏經影印。

影印宋磧砂本大藏經　此是據陝西西安開元臥龍兩寺所藏宋磧砂藏影印，凡 593 冊，1532 部，6362 卷。

（二）國外刻本

高麗本大藏經　簡稱「高麗藏」。

日本天海本大藏經　簡稱「天海藏」或「寬永寺藏」、「東睿山藏」。日本僧正天海受德川家光之請，於日本明正天皇寬永十四年（1637）至後光明天皇慶安元年（1646）在江戶寬永寺開雕，先後歷十二年始成。全是活字板，板式大體仍仿思溪藏。裝璜是梵夾式。全藏 6656 冊，1453 部，6323 卷。

日本黃檗山大藏經　簡稱「鐵眼藏」或「黃檗藏」。是鐵眼道光禪師於日本宇治黃檗山自靈元天皇寬文九年（1669）至天和元年（1681）所刻。全藏凡 1618 部，7334 卷。

日本藏經書院大藏經　簡稱「田字藏」，是日本明治三十五年（1902）至三十八年（1905）日本京都藏經院鉛印。

日本藏經書院續藏經　又稱「融字續藏」，共 190 函。是藏經書院於鉛印黃檗藏完成之後，為紀念日俄戰爭陣亡將士於日本明治三十八年（1905）至大正元年（1912）印行。

日本大正新修大藏經　簡稱「大正藏」。是日本高楠順次郎與渡邊海旭同

發起，成立大正新修大藏經刊行會主持其事，自日本大正十三年（1924）至昭和九年（1934）完成。

三、中國佛教要籍

《肇論》一卷　後秦僧肇撰。僧肇生前撰佛教論文數篇，闡述般若義旨，後彙編成集，名曰《肇論》。文筆優美，結構嚴整，深寓哲理。

《六祖壇經》三卷　唐僧惠昕撰。記僧盧慧能學佛本末。慧能號六祖。凡十六門。

《五燈會元》二十卷　宋釋普濟撰。其書取北宋法眼宗道原《景德傳燈錄》、臨濟宗李遵勖《天聖廣燈錄》、雲門宗維白《建中靖國續燈錄》、臨濟宗道明《聯燈會要》、雲門宗正受《嘉泰普燈錄》，凡五種，撮其要旨，匯為一書。首卷敘七佛以下傳法世系，次卷以後則敘四祖以下分派支流，各按法嗣世數載入焉。是書刪掇精英，去其冗雜，敘錄較為簡要，是中國佛教禪宗的重要史書。

《弘明集》十四卷　梁釋僧祐編。所輯皆東漢以下至於梁代闡明佛法之文。其學主於戒律，其說主於因果，其大旨則主於抑周孔，排黃老，而獨申釋氏之法。

《廣弘明集》三十卷　唐釋道宣撰。其書續梁僧祐《弘明集》，而體例小殊，分為十篇，一曰歸正，二曰辨惑，三曰佛德，四曰法義，五曰僧行，六曰慈濟，七曰戒功，八曰啟福，九曰悔罪，十曰統歸，每篇各為小序。大旨排斥道教，與僧祐書相同。

《法苑珠林》一百二十卷　唐釋道世撰。大指以佛經故實分類編排，推明罪福之由，用生敬信之念。

《開元釋教錄》二十卷　唐釋智昇撰。是編以三藏經論編為目錄，不分門目，但以譯人時代為先後，起漢明帝永平十年丁卯，迄開元十八年庚午，凡六百六十四載。分為二錄：一曰《總括群經錄》，皆先列譯人名氏，次列所譯經名卷數及或存或佚，末列小傳。一曰《別分乘藏錄》，凡為七類，一曰有譯有本，二曰有譯無本，三曰支派別行，四曰刪略繁重，五曰拾遺補闕，六曰疑惑再譯，七曰偽邪亂真。

《高僧傳》十四卷　梁慧皎撰。釋惠敏分譯經、義解兩門，釋慧皎復加推擴，始分立譯經、義解、神異、習禪、明律、遺身、誦經、興福、經師、唱導十科，記錄漢、魏、吳、晉、北魏、後秦、宋、齊、梁僧人 257 人，附錄 274

人。其標準為：「名而不高，本非所紀；高而不名，則備今錄。」可謂具史家之眼光。慧皎博覽群書，擇人甚嚴，且不錄在世人物，亦與《續高僧傳》有別。1992 年中華書局出版湯用彤校注、湯一介整理本。

《續高僧傳》三十卷　又稱《唐高僧傳》，簡稱《唐傳》，唐釋道宣撰。分譯經、義解、習禪、明律、護法、感通、遺身、讀誦、興福、雜科十門，所載迄唐貞觀而止，後有續補。正傳 498 人，附見 229 人。

《宋高僧傳》三十卷　簡稱《宋傳》，宋釋贊寧撰。所錄始於唐高宗時，凡正傳 531 人，附見 126 人。傳後附以論斷，於傳授源流最為賅備。《四庫提要》許為「釋門典故之總匯」。

第四節　其他宗教類

其他宗教類包括回教、耶教、摩尼教、景教等，本書主要介紹前兩種，其他宗教從略。

一、回教

《古蘭經》　伊斯蘭教的經典。馬堅翻譯的《古蘭經》1981 年由中國社會科學出版社出版。

《清真指南》十卷　清馬注撰。闡發伊斯蘭教的教義要旨、蘇非主義哲學及修身原理，分門別類，又相互聯繫。該書還倡導敬慎修身，受儒家思想特別是宋代理學影響頗深。成書於康熙年間，刊行之後，各地穆斯林輾轉傳抄，廣為傳播。

《天方典禮擇要解》二十卷　又稱《天方典禮》，清劉智撰。典禮，指伊斯蘭教的教法。嘗搜取彼國經典七十種，譯為《天方禮經》，後以卷帙浩繁複，撮其要為此書。首為原教、真宰、識認、諦言四卷，次為五功四卷，次為禮祀一卷，次為五典四卷，次為民常四卷，次為娶禮婚禮喪禮，而附以歸正儀，每事詳為解釋，以自尊其教。《原教篇》為全書之大綱，其他篇目皆發端於此。《四庫提要》稱：「回回教本僻謬，而智頗習儒書，乃雜援經義以文其說，其文亦頗雅贍。然根柢先非，巧為文飾無益也。」

《天方性理》五卷　清劉智撰。分本經和圖傳兩大部分。從哲學角度探討伊斯蘭教有關天人性命學說，旨在將伊斯蘭教一神論與儒家性理學說融會貫通。

二、耶教

《四庫提要》云：「歐羅巴人天文推算之密，工匠製作之巧，實逾前古。其議論誇詐迂怪，亦為異端之尤。國朝節取其技能，而禁傳其學術，具存深意。其書本不足登冊府之編，然如《寰有詮》之類，《明史藝文志》中已列其名，削而不論，轉慮惑誣，故著於錄，而闢斥之。又明史載其書於道家，今考所言兼剟三教之理，而又舉三教全排之，變幻支離，莫可究詰，真雜學也，故存其目於雜家焉。」

徐宗澤《明清間耶穌會士譯著提要》分聖書、真教辯護、神哲學、教史、曆算、科學、格言七類。曆算、科學二類已在別處論述，下面僅擇要介紹。

（一）聖書

《七克》七卷　龐迪我撰。七者，天主所禁七罪宗，一謂驕傲，二謂嫉妒，三謂慳吝，四謂忿怒，五謂迷飲食，六謂迷色，七謂懈惰於善。七克者，克制此七罪也，一曰伏傲，二曰平妒，三曰解貪，四曰熄忿，五曰塞饕，六曰坊淫，七曰策怠。有《天學初函》本。

（二）真教辯護

《天主實義》二卷　利瑪竇撰。凡八篇。首篇論天主始創天地萬物而主宰瞻養之。第二篇解釋世人錯認天主，謂太極與理不能為物之原。第三篇論人魂不滅，大異禽獸，證明人有不死不滅之靈魂。第四篇辨釋鬼神及人魂異論，天下萬物不可謂之一體。第五篇排辨輪迴六道戒殺生之謬說，而揭齋素正志。第六篇解釋意不可滅，並論死後必有天堂、地獄之賞罰。第七篇論人性本善並述天主教士正學。第八篇總舉泰西俗尚，而論其傳道之士所以不娶之意，並釋天主降生西土來由。大旨主於使人尊信天主，以行其教，知儒教之不可攻，則附會六經中上帝之說以合於天主，而特攻釋氏以求勝。是書深得當時士大夫之贊許。有《天學初函》本。

《畸人十篇》二卷　利瑪竇撰。凡十篇。一謂人壽既過誤猶為有，二謂人於今世惟僑寓耳，三謂常念死後利行為祥，四謂常念死後備死後審，五謂君子希言而欲無言，六謂齋素正旨非由戒殺，七謂自省自責無為為尤，八謂善惡之報在身之後，九謂妄詞未來自速身凶，十謂富而貪吝苦於貧窶。皆設為問答，而問者皆當時之名士達官。有《天學初函》本。

《辨學遺牘》一卷　利瑪竇撰。是編乃其與虞淳熙論釋氏書，及辨蓮池和尚

《竹窗三筆》攻擊天主之說也。《四庫提要》云：「利瑪竇力排釋氏，故學佛者起而相爭，利瑪竇又反唇相詰，各持一悠謬荒唐之說，以較勝負於不可究詰之地。不知佛教可闢，非天主教所可闢；天主教可闢，又非佛教所可闢，均同浴而譏裸裎耳。」然馬相伯跋謂此書辭氣溫良。有《天學初函》本。

（三）神哲學

《寰有詮》六卷　傅泛際撰。書亦成於天啟中。《四庫提要》云：「其論皆宗天主又有圓滿純體不壞等十五篇總以闡明彼法。」

《靈言蠡勺》二卷　畢方濟口授，徐光啟筆錄。是書論亞尼瑪之學。亞尼瑪者，拉丁文 Anima 之音譯，義為靈魂。凡四篇，一論亞尼瑪之體，二論亞尼瑪之能，三論亞尼瑪之尊，四論亞尼瑪所同美好之情，而總歸於敬事天主以求福。陳垣謂此書說理最精。

《空際格致》二卷　高一志撰。西法以火、氣、水、土為四大元行，而以中國五行兼用金、木為非，一志因作此書以暢其說。

（四）教史

《景教流行中國碑頌正詮》　陽瑪諾注。景教唐太宗九年（635）入中國，是碑天啟三年（1623）在西安獲之。

（五）格言

《二十五言》一卷　利瑪竇撰。《四庫提要》云：「西洋人之入中國，自利瑪竇始。西洋教法傳中國，亦自此二十五條始。大旨多剽竊釋氏，而文詞尤拙，蓋西方之教惟有佛書，歐羅巴人取其意而變幻之，猶未能甚離其本，厥後既入中國，習見儒言，則因緣假藉以文其說，乃漸至蔓衍支離，不可究詰，自以為超出三教上矣。附存其目，庶可知彼教之初，所見不過如是也。」徐宗澤斥提要曰：「其評論多誣言，欠公正。」〔註13〕

《交友論》一卷　利瑪竇撰。明徐𤇍《徐氏筆精》卷八「交友」曰：「利瑪竇，歐邏巴人也，著《天主實義》，人傳誦之。而《交友論》尤切中人情。有云：『古有二人同行，一極富，一極貧。或曰：二人為友，至密矣。竇法德曰：既然，何一為富者，一為貧者哉？言友之物皆與共也。』又云：『視其人之友如林，則知其德之盛；視其人之友落落，則知其德之薄。』」而《四庫提

〔註13〕徐宗澤：《明清間耶穌會士譯著提要》，上海書店出版社，2006 年版，第 257 頁。

要》云：「其言不甚荒悖，然多為利害而言，醇駁參半，如云：『友者過譽之害，大於讎者過訾之害。』此中理者也。又云：『多有密友，便無密友。』此洞悉物情者也。至云：『視其人之友如林，則知其德之盛；視其人之友落落如晨星，則知其德之薄。』是導天下以濫交矣。又云：『二人為友，不應一富一貧。』是止知有通財之義，而不知古禮惟小功同財，不概諸朋友，一相友而即同，則是使富者愛無差等，而貧者且以利合，又豈中庸之道乎？」以儒衡耶，異同自現。明人是之，而清人非之，明清兩代確有代溝。

參考文獻

1. 李申：《儒學與儒教》，成都：四川大學出版社，2005 年版。
2. 上海圖書館編：《中國叢書綜錄》，上海：上海古籍出版社，1986 年版。
3. 徐宗澤：《明清間耶穌會士譯著提要》，上海：上海書店出版社，2006 年版。

推薦書目

1. 朱熹：《四書章句集注》，北京：中華書局，1983 年版。
2. 楊伯峻：《論語譯注》，北京：中華書局，1980 年版。
3. 李澤厚：《論語今譯》，北京：生活·讀書·新知三聯書店，2004 年版。
4. 楊伯峻：《孟子譯注》，北京：中華書局，1960 年版。
5. 王利器：《顏氏家訓集解》，北京：中華書局，1993 年版。
6. 王明：《抱朴子內篇校釋》，北京：中華書局，1985 年版。
7. 宋張君房：《雲笈七籤》，北京：中華書局，2003 年版。
8. 郭朋撰：《壇經校釋》，北京：中華書局，1997 年版。
9. 宋釋普濟：《五燈會元》，北京：中華書局，1984 年蘇淵雷點校本。
10. 梁慧皎：《高僧傳》，北京：中華書局，1992 年版。

第六章　技藝部

技藝，指富於技巧性的武藝、工藝或藝術等。技藝部主要指古代的科學技術與藝術，包括以下各類：

一、農家類；

二、醫家類；

三、天文曆算類；

四、藝術類；

五、工藝類；

六、術數類；

七、格致類。

自古就有道器之分：「形而上者謂之道，形而下者謂之器。」今從四庫子部中將形而下者離析出來，形成一個新的大部。

第一節　農家類

一、農家類的調整

（一）保留原有的農家類

《四庫全書總目·農家類序》云：

> 農家條目，至為蕪雜。諸家著錄，大抵輾轉旁牽，因耕而及《相牛經》，因《相牛經》及《相馬經》、《相鶴經》、《鷹經》、《蟹錄》，至於《相貝經》，而《香譜》、《錢譜》相隨入矣。因五穀而及《圃史》，因《圃史》而及《竹譜》、《荔支譜》、《橘譜》，至於《梅譜》、《菊譜》，

而《唐昌玉蕊辯證》、《揚州瓊花譜》相隨入矣。因蠶桑而及《茶經》，
因《茶經》及《酒史》、《糖霜譜》，至於《蔬食譜》，而《易牙遺意》、
《飲膳正要》相隨入矣。觸類蔓延，將因《四民月令》，而及算術天
文。因《田家五行》，而及風角、鳥占。因《救荒本草》而及《素問》、
《靈樞》乎？

今逐類汰除，惟存本業，用以見重農貴粟。其道至大，其義至
深，庶幾不失《豳風‧無逸》之初旨。茶事一類，與農家稍近，然龍
圖鳳餅之制，銀匙玉盌之華，終非耕織者所事，今亦別入譜錄類，
明不以末先本也。

農家條目，原來至為蕪雜。經過館臣的清理整頓，四庫僅著錄十部農書：
《齊民要術》、《農書》、《農桑輯要》、《農桑衣食撮要》、《王氏農書》、《救荒本
草》、《農政全書》、《泰西水法》、《野菜博錄》、《欽定授時通考》，將《耒耜
經》、《別本農政全書》等九部列入存目。其中《農桑輯要》、《欽定授時通考》
出自官修。中國自古以農為本，以農立國，幾千年的農業文化可謂源遠流長，
農家類的著作也遠不止此數，館臣當時未免矯枉過正，倒是中國農學史的研
究為我們提供了更為豐厚的資料。王毓瑚《中國農學書錄》（農業出版社，
1979 年版）著錄 541 種，《中國古農書聯合目錄》（北京圖書館出版社，1959
年版）著錄 643 種，《中國農業古籍目錄》（北京圖書館出版社，2002 年版）
著錄 3705 種。

（二）將時令類歸入農家類

關於時令類，《四庫全書總目‧時令類序》云：

《堯典》首授時，舜初受命，亦先齊七政。後世推步測算，重
為專門，已別著錄。其本天道之宜以立人事之節者，則有時令諸
書。孔子考獻徵文，以《小正》為尚存夏道，然則先王之政，茲其
大綱歟？後世承流，遞有撰述，大抵農家日用、閭閻風俗為多，與
《禮經》所載小異。然民事即王政也，淺識者歧視之耳。至於選詞
章，隸故實，誇多鬥靡，寖失厥初，則踵事增華，其來有漸，不獨
時令一家為然。汰除鄙倍，採摘典要，亦未始非《豳風》、《月令》
之遺矣。

《四庫全書總目》在史部設立時令類，《四庫全書》僅著錄二部著作：《歲
時廣記》、《欽定月令輯要》，將《四時宜忌》、《四時氣候集解》、《月令通考》、

《月令廣義》、《養餘月令》、《廣月令》等十一部書列入存目。章太炎再三批評：「至於時令一類，最為可笑。時令一門，全屬無謂。」〔註1〕因此，我們取消時令類，將其歸入農家類。

（三）將草木鳥獸蟲魚之屬歸入農家類

此類著錄二十一部，一百四十五卷。如《洛陽牡丹記》、《揚州芍藥譜》、《范村梅譜》、《劉氏菊譜》、《史氏菊譜》、《范村菊譜》、《百菊集譜》、《金漳蘭譜》、《海棠譜》、《荔枝譜》、《橘錄》、《竹譜》、《菌譜》、《禽經》、《蟹譜》、《異魚圖贊》等。花鳥蟲魚，其譜錄對研究植物、動物應該有較大的價值。

二、農家類的新組成

（一）總論

《氾勝之書》　西漢議郎氾勝之撰。它是我國最早的一部農業科學著作。原書亡佚，現存3000多字，包括三個方面的內容：耕作栽培通論、作物栽培專論及特殊作物高產栽培法——區田法，總結了北方旱作農業技術。

《齊民要術》十卷　後魏賈思勰撰。《齊民要術》是我國現存最早的一部農業科學知識集成，也是全世界最古的農業科學專著之一。自序稱：「今採捃經傳，爰及歌謠，詢之老成，驗之行事。起自耕農，終醯醢，資生之樂，靡不畢書，凡九十二篇。」《文獻通考》載李燾《孫氏齊民要術音義解釋序》曰：「賈思勰著此書，專主民事。又旁摭異聞，多可觀，在農家最嶢然出其類。奇字錯見，往往艱讀。今運使、秘丞孫公為之音義，解釋略備。其正名小物，蓋與揚雄、郭璞相上下，不但借助於思勰也。」《齊民要術》是秦漢以來黃河流域農學發展的一個系統總結。在清代以前，農家之流的學者為數甚少，他們讀到此書也只是以技藝書看待它。它徵引古籍164種，保存了大量的異文，因此乾嘉諸老無不下工夫讀《齊民要術》，以便尋找文獻考據材料。

《農書》三卷　陳旉撰。洪興祖序稱：「西山陳居士，於六經、諸子百家之書，釋老氏、黃帝神農氏之學，貫穿出入，往往成誦。下至術數小道，亦精其能。平生讀書，不求仕進。所至即種藥治圃以自給。」又稱其紹興己巳年七十四，則南北宋間處士也。陳旉自跋稱：「此書成於紹興十九年，真州雖曾刊行，而當時傳者失其真，首尾顛倒，意義不貫者甚多。又為或人不曉旨趣，妄

〔註1〕章太炎：《國學講演錄》，華東師範大學出版社，1995年版，第129～131頁。

自刪改，徒事繕章繪句，而理致乖越。故取家藏副本，繕寫成帙，以待當世之君子，採取以獻於上。」則興祖所刊之本，有所點竄，陳旉蓋不以為然。上卷泛言農事，中卷論養牛，下卷論養蠶。《四庫提要》稱：「大抵泛陳大要，引經史以證明之。虛論多而實事少，殊不及《齊民要術》之典核詳明。」

《農桑輯要》七卷　元世祖時官撰頒行本。前有至元十年翰林學士王磐序，稱：「詔立大司農司，不治他事，專以勸課農桑為務。行之五六年，功效大著。農司著公又慮夫播植之宜，蠶繰之節，未得其術，於是偏求古今農家之書，刪其繁重，撮其切要，纂成一書，鏤為版本進呈，將以頒布天下。」世祖即位之初，首詔天下崇本抑末，於是頒《農桑輯要》之書於民。書凡分典訓、耕墾、播種、栽桑、養蠶、瓜菜、果實、竹木、藥草、孳畜十門。《四庫提要》稱：「大致以《齊民要術》為藍本，芟除其浮文瑣事，而雜採他書以附益之。詳而不蕪，簡而有要，於農家之中，最為善本。」

《王氏農書》二十二卷　元王禎撰。今依原序條目，以類區分，編為二十二卷。《四庫提要》稱：「其書典贍而有法，蓋賈思勰《齊民要術》之流。唐中和節所進農書，世無傳本，宋人農書惟陳旉所作存，元人農書存於今者三本，《農桑輯要》、《農桑衣食撮要》二書，一辨物產，一明時令，皆取其通俗易行，惟禎此書引據賅洽，文章爾雅，繪畫亦皆工致，可謂華實兼資。」

《農政全書》六十卷　明徐光啟撰。是編總括農家諸書，裒為一集。凡《農本》三卷，皆經史百家有關民事之言，而終以明代重農之典。次《田制》二卷，一為井田，一為歷代之制。次《農事》六卷，自營制開墾以及授時占候，無不具載。次《水利》九卷，備錄南北形勢，兼及灌溉器用諸圖譜。後六卷則為《泰西水法》。次為《農器》四卷，皆詳繪圖譜，與王禎之書相出入。次為《樹藝》六卷，分穀、蓏、蔬、果四子目。次為《蠶桑》四卷。又《蠶桑廣類》二卷。廣類者，木棉、麻苧之屬也。次為《種植》四卷，皆樹木之法。次為《牧養》一卷，兼及養魚、養蜂諸細事。次為《製造》一卷，皆常需之食品。次為《荒政》十八卷，前三卷為《備荒》，中十四卷為《救荒本草》。《四庫提要》稱：「其書本末咸該，常變有備。蓋合時令、農圃、水利、荒政數大端，條而貫之，匯歸於一。雖採自諸書，而較諸書各舉一偏者，特為完備。」

《欽定授時通考》七十八卷　乾隆二年奉敕撰。凡八門：曰天時，分四子目，明耕耘收穫之節；曰土宜，分六子目，盡高下燥濕之利；曰穀種，凡九子目，別物性；曰功作，分十子目，盡人力；曰勸課，分九子目，重農之政；曰

蓄聚，分四子目，備荒之制；曰農餘，分五子目，種植蓄養之事；曰蠶桑，分十子目，族箔織紝之法。天時冠以總論，餘七門各冠以匯考。

（二）農具

《耒耜經》一卷　唐陸龜蒙撰。龜蒙字魯望，吳江人。《四庫提要》稱：「是編記犁制特詳。犁與耒耜今古異名。次及鑱，因又及爬與礰礋，而以礰磚終焉。敘述古雅，文詞可觀。舊載《笠澤叢書》中，故唐、宋藝文志皆不載，陳振孫《書錄解題》始自出一條。」

（三）災害防治

《捕蝗考》一卷　清陳芳生撰。芳生字漱六，仁和人。此書取史冊所載事蹟議論，匯為一編。首備蝗事宜十條，次前代捕蝗法，而明末徐光啟奏疏最為詳覈，則全錄其文，附以陳龍正語及芳生自識二條。《四庫提要》稱：「大旨在先事則預為消弭，臨時則竭力勦除，而責成於地方有司之實心經理，條分縷析，頗為詳備，雖卷帙寥寥，然頗有裨於實用。」

（四）作物

《桐譜》一卷　宋陳翥撰。前有皇祐元年自序稱：「古者氾勝之書，今絕傳者。獨《齊民要術》行於世，雖古今之法小異，然其言亦甚詳矣。雖茶有經，竹有譜，吾皆略而不具。植桐乎西山之南，乃述其桐之事十篇，作《桐譜》一卷。」凡十篇，一曰敘源，二曰類屬，三曰種植，四曰所宜，五曰所出，六曰採斫，七曰器用，八曰雜說，九曰記志，十曰詩賦。載元陶宗儀《說郛》卷一百五。這是我國和世界上最早論述桐樹的科技著作，研究了桐樹的形態特徵和生物學特徵，全面總結了北宋以前種植和利用桐樹的經驗。

《竹譜》一卷　晉戴凱之撰。是中國現存最早的竹類專著。記錄了我國南嶺周圍 70 餘種竹類，描述了竹的形態和生理特徵，地理分布及用途和分類，是一部具有生物學價值的竹類專著。書中以四言韻語記竹之種類云：「植類之中，有物曰竹。不剛不柔，非草非木。小異空實，大同節目。或茂沙水，或挺岩陸。條暢紛敷，青翠森肅。質雖冬蒨，性忌殊寒。九河鮮育，五嶺實繁。萌筍苞籜，夏多春鮮……」自為之注，文皆古雅。《四庫提要》所謂「記錄瑣屑，無關名理」，未能認識其科學價值。

《茶經》三卷　唐陸羽撰。其書分十類：一為茶之源，記茶之生長與特點；二為茶之具，記採茶所用之工具；三為茶之造，記採茶之季節、時刻及晴

雨;四為茶之器,記茶之加工與用器;五為茶之煮,記煮茶之法;六為茶之飲,記品茶之方;七為茶之事,記嗜茶之典故;八為茶之出,記茶之產地;九為茶之略,述從造具到品茶之全過程;十為茶之圖。其曰具者,皆採製之用;其曰器者,皆煎飲之用,故二者異部。其曰圖者,乃謂統上九類,寫以絹素張之,非別有圖。其類十,其文實九。言茶者莫精於陸羽,故陸羽有「茶聖」之譽。其文亦樸雅有古意。「茶之事」所引多古書,有《北地傳》、《神農食經》、《爾雅》、《廣雅》、《晏子春秋》、《凡將篇》、《方言》、《吳志》、《晉中興書》、《晉書》、《搜神記》、《神異記》、《爾雅注》、《世說》、《續搜神記》、《異苑》、《廣陵耆老傳》、《藝術傳》、《坤元錄》、《括地圖》、《吳興記》、《永嘉圖經》、《茶陵圖經》、《枕中方》、《孺子方》等。

《茶錄》一卷　宋蔡襄撰。上篇論茶之色、香、味及藏茶、炙茶、碾茶等,下篇論茶器如茶焙、茶籠、砧椎、茶鈐、茶碾、茶羅、茶盞等。蔡襄自序云:「臣前因奏事,伏蒙陛下諭臣先任福建轉運使,日所進上品,龍茶最為精好。臣退念草木之微,首辱陛下知鑒,若處之得地,則能盡其材。昔陸羽《茶經》不第建安之品,丁謂《茶圖》獨論採造之本,至於烹試,曾未有聞,臣輒條數事,簡而易明,勒成二篇,名曰《茶錄》。伏惟清閒之宴,或賜觀採,臣不勝惶懼榮幸之至。」

《品茶要錄》一卷　宋黃儒撰。凡十篇:一採造過時,二白合盜葉,三入雜,四蒸不熟,五過熟,六焦釜,七壓黃,八清膏,九傷焙,十辯壑源沙溪。《總論》稱說者常怪陸羽《茶經》不第建安之品,因前此茶事未甚興。《後論》稱得建安之精品者或不能辯,或不善於烹試,或非其時。蘇軾跋稱委曲微妙,皆陸羽以來論茶者所未及。

《宣和北苑貢茶錄》一卷　宋熊蕃撰。所述皆建安茶園採焙入貢法式。

《東溪試茶錄》一卷　舊本題宋宋子安撰。東溪為建安地名。凡分八目,曰總敘焙名、北苑、壑源、佛嶺、沙溪、茶名、採茶、茶病。大要以品茶宜辨所產之地,故錄中於諸焙道里遠近最為詳盡。

（五）蠶桑

《蠶書》一卷　宋秦湛撰。湛字處度,高郵人,秦觀之子。一作秦觀撰。書前有小引稱:「子閒居,婦善蠶,從婦論蠶,作《蠶書》。」此書是我國現存最早的有關養蠶與繅絲方法的專著,全書分種變、時食、制居、化治、錢眼、鎖星、添梯、車、禱神、戎治諸目,對繅車結構和繅絲工藝均有詳細的記載。

（六）園藝

《學圃雜疏》一卷　明王世懋撰。茲編皆記其圃中所有暨聞見所及者，分花、果、蔬、瓜、豆、竹六類，各疏其品目及栽植之法，大致以花為主，而草木之類則從略。書止一卷，《續說郛》以花疏果疏各分為卷者，非也。

《筍譜》一卷　僧贊寧撰。原帙書分五類，曰一之名，二之出，三之食，四之事，五之說，其標題仿陸羽《茶經》。《四庫提要》稱「援據奧博，所引古書多今世所不傳，深有資於考證」。

《菌譜》一卷　宋陳仁玉撰。仁玉字碧棲，台州仙居人。擢進士第，開慶中官禮部郎中，浙東提刑入直敷文閣。南宋時台州之菌為食單所重，故仁玉此譜備述其土產之名品，曰合蕈，曰稠膏蕈，曰栗殼蕈，曰松蕈，曰竹蕈，曰麥蕈，曰玉蕈，曰黃蕈，曰紫蕈，曰四季蕈，曰鵝膏蕈，凡十一種，各詳所生之地、所採之時與其形狀色味，然不及桐蕈，則未喻其故。《呂氏春秋》稱：「和之美者，越駱之菌。」是菌自古入食品。

《救荒本草》八卷　明周王朱橚撰。朱橚為明太祖第五子。《明史》本傳稱橚好學能詞賦，嘗作元宮詞百章，以國土夷曠，庶草蕃廡，考覈其可佐飢饉者四百餘種，繪圖上之。是書見諸舊本草者一百三十八種，新增者二百七十六種，皆詳覈可據。書中插圖由畫工繪製，大多比較準確。

《野菜博錄》四卷　明鮑山撰。山字符則，號在齋，婺源人。嘗入黃山，築室白龍潭上，七年備嘗野蔬諸味，因次其品匯，別其性味，詳其調製，著為是編。分草部二卷，木部二卷，草部葉可食者，自大藍至秋角苗一百四十二種，木部葉可食者，自茶樹柯至藩籬枝五十九種，花可食者，自臘梅至櫺齒五種，實可食者，自青捨子條至野葡萄二十五種，花可食者，槐樹欒花木房木三種，葉實可食者，杏樹至石榴十九種，花葉實俱可食者，松樹至旁其五種，葉皮實俱可食者，榆錢至老兒樹四種，並圖繪其形，以備荒歲。蓋明之末造，飢饉相仍，山作此書，亦仁者之用心乎？所錄廣於王盤《野菜譜》，較明周憲王《救荒本草》亦互有出入。

《橘錄》三卷　宋韓彥直撰。彥直字子溫，延安人。韓世忠長子。是錄亦頗見條理。上卷載柑品八，橙品二，中卷載橘品十八，以泥山乳柑為第一，下卷則言種植之法，皆詳贍可觀。

《荔枝譜》一卷　宋蔡襄撰。襄字君謨，興化仙遊人。天聖八年進士，官至端明殿學士，卒諡忠惠。是編為閩中荔枝而作。凡七篇。其一原本始，其二

標尤異，其三志賈鬻，其四明服食，其五慎護養，其六時法制，其七別種類。
敘述詳潔，筆力雅健。

《洛陽牡丹記》一卷　宋歐陽修撰。是記凡三篇，一曰花品，敘所列凡二十四種，二曰花釋名，述花名之所自來，三曰風俗記，首略敘遊宴及貢花，餘皆接植栽灌之事。文格絕古雅有法。

《揚州芍藥譜》一卷　宋王觀撰。觀字達叟，如皋人。熙寧中嘗以將仕郎守大理寺丞，知揚州江都縣，在任為《揚州賦》，上之大蒙褒賞，賜緋衣銀章。揚州芍藥自宋初名於天下，與洛陽牡丹俱貴於時。《宋史‧藝文志》載為之譜者三家，其一孔武仲，其一劉攽，其一即觀此譜，而觀譜最後出，至今獨存。

《劉氏菊譜》　宋劉蒙撰。蒙，彭城人。其書首譜敘，次說疑，次定品，次列菊名三十五條，各敘其種類形色而評次之，以龍腦為第一。書中所論諸菊名品，各詳所出之地，大抵皆中州物產，而萃聚於洛陽園圃中者。

《史氏菊譜》　宋史正志撰。正志字志道，江都人。紹興二十一年進士，官至吏部侍郎，歸老姑蘇，自號吳門老圃。所列凡二十七種。前有自序稱：「自昔好事者為牡丹、芍藥、海棠、竹筍作譜記者多矣，獨菊花未有為之譜者，余姑以所見為之。」

《范村梅譜》　宋范成大撰。此乃記所居范村之梅，凡十二種。梅之為物，自唐人題詠競作，始以香色重於時。成大創為此編，稍辨次其品目。前後皆有自序。前序稱：「梅，天下尤物，無問智賢愚不肖，莫敢有異議。學圃之士，必先種梅，且不厭多，他花有無多少皆不係重輕。」後序稱：「梅以韻勝，以格高，故以橫斜疏瘦與老枝怪奇者為貴。」

《范村菊譜》　宋范成大撰。記所居范村之菊。菊之種類至繁，其形色變幻不一，場師老圃因隨時各為之題品，名目遂日出而不窮。以此譜與史正志譜相核，其異同已十之五六，而成大但記家園所植，採擷亦未盡賅備，然敘次頗有理致，視他家為尤工。自序云：「山林好事者，或以菊比君子，其說以謂歲華婉娩草木變衰，乃獨爛然秀髮，傲睨風露，此幽人逸士之操，雖寂寥荒寒中，味道之腴，不改其樂者也。」

《百菊集譜》六卷，《菊史補遺》一卷　宋史鑄撰。鑄字顏甫，號愚齋，山陰人。第一卷為周師厚、劉蒙、史正志、范成大四家所譜，第二卷為沈競譜及鑄所撰新譜，三卷為種藝故事雜說、方術辨疑及古今詩話，四卷為文章詩賦，五卷即所增胡融譜及栽植事實，附以張栻賦及杜甫詩話一條，六卷為史

鑄詠菊及集句詩補遺一卷。書不成於一時，故編次頗無體例，然其搜羅可謂廣博。

《金漳蘭譜》三卷　宋趙時庚撰。時庚為宗室子，其始末未詳。其序述亦頗詳贍，大抵與王貴學蘭譜相為出入。首列紹定癸巳時庚自序，稱欲以續前人牡丹、荔枝譜之意。末又有嬾真子跋語。

《海棠譜》三卷　宋陳思撰。前有開慶元年思自序，文頗淺陋。上卷皆錄海棠故實，中下二卷則錄唐、宋諸家題詠，而栽種之法，品類之別，僅於上卷中散見四五條。

（七）畜牧

《相馬經》一卷　舊本題伯樂撰。文中云：「馬頭為王，欲得方；目為丞相，欲得光；脊為將軍，欲得強；腹脅為城郭，欲得張；四下為令，欲得長。」

《相馬書》一卷　徐咸撰。載《說郛》卷一百七。分三十二相圖、旋毛圖、口齒圖、三十二歲訣、寶金篇、寶金歌、百一歌、調養法、乘習法、牧放法。

《相牛經》一卷　舊本題周寧戚撰。載《說郛》卷一百七。

《相羊經》一卷　舊本題漢卜式撰。

（八）水產

《養魚經》一卷　舊本題周范蠡撰。載《說郛》卷一百七。首曰：「朱公居陶，齊威王瞍朱公問之曰：『聞公在湖為漁父，在齊為鴟夷子皮，在西戎為松子，在越為范蠡，有諸？』」詞旨淺俗，決非周代之書，疑為後人偽託之書。

《異魚圖贊》四卷　明楊慎撰。是書前有嘉靖甲辰自序。凡魚圖三卷，共八十七種，為贊八十六首。附以《海錯》一卷，共三十五種，為贊三十首。詞頗古雋，如《鯨》云：「海有魚王，是名為鯨。噴沫雨注，皷浪雷驚。目作明月，精為彗星。東海大魚，鯨鯢之屬。大則如山，其次如屋。時死岸上，身長丈六。膏流九頃，骨充棟木。明月之珠，乃是其目。嗟海大魚，蕩而失水。螻蟻制之，橫岸以死。輜重君海，不可以徒。策士之談，譬其有理。」又如《鱀魚》云：「鱀一名鱁，喙銳大腹。長齒羅生，上下相覆。奇混於　，而不同物。」鱀即白鰭豚，生江中者名江豚、江豬、水豬。張辰亮撰《海錯圖筆記》（中信出版社，2016年版）。

《閩中海錯疏》三卷　明屠本畯撰。木畯字田叔，浙江鄞縣人。以門蔭入仕，官至福建鹽運司同知。是書詳志閩海水族，凡鱗部二卷，共一百六十七種，介部一卷，共九十種。其書頗與黃衷《海語》相近，而敘述較備，文亦簡

核,惟其詞過略,故徵引不能博贍,舛漏亦未免。

《蟹譜》二卷　宋傅肱撰。肱字子翼,其自署曰怪山(即西湖之飛來峰),會稽人。其書分上下兩篇。前有嘉祐四年自序。書中所錄皆蟹之故事。上篇多採舊文,下篇則其所自記詮次,頗見雅馴。

《蟹略》四卷　宋高似孫撰。是編以傅肱《蟹譜》徵事大略,因別加裒集。卷一曰蟹原、蟹象,卷二曰蟹鄉、蟹具、蟹品、蟹占,卷三曰蟹貢、蟹饌、蟹牒,卷四曰蟹雅、蟹志。賦詠每門之下,分條記載,多取蟹字為目,而繫以前人詩句。採摭繁富,究為博雅。遺篇佚句,所載尤多,較傅肱《蟹譜》終為憂。

(九) 生物

《禽經》一卷　舊本題師曠撰,晉張華注。漢隋、唐諸志及宋《崇文總目》皆不著錄,其引用自陸佃《埤雅》始,其稱師曠亦自陸佃始。其偽不待辨,注之偽亦不待辨。《四庫提要》疑傳王安石之學者所偽,又稱其偽當在南宋之末。此書是我國最早的鳥類學著作。所記鳥類有 70 餘種,主要記述鳥類名稱、形態特徵、生理活動、生活習性和種類等,又對鳥類的複雜行為及鳥類活動與環境的關係也有記載。

《相鶴經》一卷　舊本題浮丘伯撰。載《說郛》卷一百七。末有王安石跋:「此文李浮丘伯授王子晉,崔文子學道於子晉,得其文,藏嵩山石室。淮南公採藥得之,遂於世。熙寧十年正月一日,王安石修。」文詞不通,似非安石手筆。

《晴川蟹錄》四卷　清孫之騄撰。是編搜採蟹之詩文故實,分譜錄、事錄、文錄、詩錄四門。又有《後錄》四卷,分事典、賦詠、食憲、拾遺四門,餖飣掇拾,冗雜無緒,《四庫提要》認為:「在《晴川八識》之中最為下乘,遠不逮傅肱、高似孫二家書。」

《蛇譜》一卷　清陳鼎撰。此書記蛇之異者,凡六十三則,大抵皆蠻荒異怪之談,不足徵信。其五十三則以後皆錄《山海經》之文,尤為剿說。

《禽蟲述》一卷　舊本題閩中袁達德撰。其書述禽蟲名義典故,兼仿《禽經》、《埤雅》之體,聯絡成文。亦或間以排偶,但有章段,不分門目,亦無注釋,不免為餖飣之學。

(十) 時令

《歲時廣記》四卷　宋陳元靚撰。理宗時人。書中摭《月令》、《孝經緯》、

《三統曆》諸書為綱，而以雜書所記涉於節序者，按月分隸。凡春令四十六條，夏令五十條，秋令三十二條，冬令三十八條。大抵為啟札應用而設。

《欽定月令輯要》二十四卷，《圖說》一卷　康熙五十四年李光地等奉敕纂校。是編因明代馮應京、戴任《月令廣義》刪蕪補闕，別起義例，凡所徵引，首本經訓，次及史傳，下逮諸子百家、方言地志。

第二節　醫家類

《四庫全書總目·醫家類序》云：

> 儒之門戶分於宋，醫之門戶分於金、元。觀元好問《傷寒會要序》，知河間之學與易水之學爭。觀戴良作《朱震亨傳》，知丹溪之學與宣和局方之學爭也。然儒有定理，而醫無定法。病情萬變，難守一宗。故今所敘錄，兼眾說焉。

> 明制定醫院十三科，頗為繁碎。而諸家所著，往往以一書兼數科，分隸為難。今通以時代為次。《漢志》醫經、經方二家後，有房中、神仙二家，後人誤讀為一，故服餌、導引，歧途頗雜，今悉刪除。《周禮》有獸醫，《隋志》載《治馬經》等九家，雜列醫書間。今從其例，附錄此門，而退置於末簡，貴人賤物之義也。《太素脈法》，不關治療，今別收入術數家，茲不著錄。

「儒有定理」的說法現在可能會引發爭議，而「醫無定法」則是古今不爭的事實。四庫著錄九十六部，其中著名者有：《黃帝素問》、《靈樞經》、《難經本義》、《甲乙經》、《金匱要略論注》、《傷寒論注》、《肘後備急方》、《褚氏遺書》、《巢氏諸病源候論》、《千金要方》、《銀海精微》、《外臺秘要》、《顱囟經》、《銅人針灸經》、《明堂灸經》、《博濟方》、《蘇沈良方》、《壽親養老新書》、《腳氣治法總要》、《旅舍備要方》、《證類本草》、《小兒衛生總微論方》、《婦人大全良方》、《產育寶慶方》、《產寶諸方》、《素問元機原病式》、《宣明方論》、《病機氣宜保命集》、《內外傷辨惑論》、《脾胃論》、《本草綱目》、《景岳全書》等。又將《素問懸解》、《難經經釋》等九十四部列入存目。還附錄了六部獸醫著作：《水牛經》、《安驥集》、《類方馬經》、《司牧馬經痊驥通元論》、《療馬集》、《痊驥集》，亦列入存目。

中國中醫研究院主編了《全國中醫圖書聯合目錄》，分醫經，基礎理論，傷寒、金匱，診法，本草，方書，臨床各科（包括臨證綜合、溫病、內科、婦

產科、兒科、外科、傷科、眼科、咽喉口齒科等），針灸、推拿，養生、導引氣功，醫論、醫案、醫話，醫史，綜合性醫書等十二類。

一、醫經

主要指《黃帝內經素問》、《靈樞經》、《難經》三部典籍。

《黃帝內經素問》二十四卷　唐王冰注。《四庫提要》稱：「所注排抉隱奧，多所發明。其稱大熱而甚寒之不寒，是無水也；大寒而甚熱之不熱，是無火也。無火者不必去水，宜益火之源以消陰翳；無水者不必去火，宜壯水之主以鎮陽光。遂開明代薛己諸人探本命門之一法，其亦深於醫理者矣。」

屬發揮性的論著有：《素問入式運氣論奧》、《素問玄機原病式》、《宣明方論》、《病機氣宜保命集》等。《素問入式運氣論奧》三卷，宋劉溫舒撰。晁公武《讀書志》云：「溫舒以素問運氣為治病之要，而問答紛揉，文詞古奧，讀者難知，因為三十論、二十七圖。」《素問玄機原病式》一卷，金劉完素撰。是書因《素問·至真要論》詳言五運六氣盛衰勝復之理，而以病機一十九條附於篇末，乃於十九條中採一百七十六字，演為二百七十六字，以為綱領，而反覆辯論以申之，大旨多主於火，故張介賓作《景岳全書》攻之最力。

《靈樞經》　又稱《針經》，基本上是針灸知識實踐的總結。《漢書·藝文志》著錄《黃帝內經》十八篇，皇甫謐以《針經》九卷、《素問》九卷合十八篇當之。呂復稱善學者當與《素問》並觀其旨義，互相發明。《四庫提要》亦稱「其書雖偽，而其言則綴合古經，具有源本」。注本有明馬蒔《靈樞經注證發微》、清黃元卿《靈樞懸解》等。

《難經》　八十一篇，《漢書·藝文志》不載，《隋》、《唐志》始載《難經》二卷，周秦越人（即扁鵲）撰。本《靈樞》、《素問》之旨，設難釋義。其文辨析精微，詞致簡遠，讀者不能遽曉，故歷代醫家多有注釋。吳太醫令呂廣嘗注之，其書今不傳。元滑壽撰《難經本義》二卷，所採摭凡十一家，今惟壽書傳於世。其注融會諸家之說，而以已意折衷之，辯論精覈，考證亦極詳審。

二、基礎理論

《褚氏遺書》一卷　南齊褚澄撰。是書分受形、本氣、平脈、津潤、分體、精血、除疾、審微、辨書、問子十篇，大旨發揮人身氣血陰陽之奧。

《病機氣宜保命集》三卷　金張元素撰。凡分三十二門，首原道、原脈、攝生、陰陽諸論，次及處方用藥次第、加減君臣佐使之法，於醫理精蘊闡發極

為深至。

　　《巢氏諸病源候論》五十卷　隋大業中太醫博士巢元方等奉詔撰。書凡
六十七門，一千七百二十論。陳振孫《書錄解題》稱王燾《外臺秘要》諸論多
本此書。《四庫提要》稱「可云證治之津梁」。

三、傷寒

　　東漢張仲景的《傷寒雜病論》，後人把它分為《金匱要略》與《傷寒論》
兩書。《傷寒論》為中醫辯證論治和八綱、八法奠定基礎，是臨床醫學系統化
的代表作，所載方劑被尊為「經方」。注本多達四百餘種，重要的有：金成無
已《傷寒論注釋》十卷，明方有執《傷寒論條辨》八卷。屬發揮性質的有：宋
韓祇和《傷寒微旨》二卷、宋龐安時《傷寒總病論》六卷、題金劉完素撰《傷
寒直格方》三卷、金成無已《傷寒明理論》三卷、清張倬《傷寒兼證析義》一
卷、清徐大椿《傷寒類方》二卷。

　　《金匱要略論》二十四卷　漢張機撰。是書亦名《金匱玉函經》，乃晉高
平王叔和所編次。陳振孫《書錄解題》曰：「此書乃王洙於館閣蠹簡中得之，
曰《金匱玉函要略》，上卷論傷寒，中論雜病，下載其方，並療婦人，乃錄而
傳之。今書以逐方次於證候之下，以便檢用。其所論傷寒，文多簡略，故但取
雜病以下，止服食禁忌二十五篇二百六十二方，而仍其舊名。」自宋以來，醫
家奉為典型，與《素問》、《難經》並重。《四庫提要》許為「岐、黃之正傳，
和、扁之嫡嗣」（《四庫全書總目》卷一〇三）。

　　《傷寒論》十卷　漢張機撰，晉王叔和編，金成無已注。《傷寒論》前有
宋高保衡、孫奇、林億等校上序，稱：「開寶中節度使高繼冲曾編錄進上。其
文理舛錯，未能考正。國家詔儒臣校正醫書，今先校定仲景《傷寒論》十卷，
總二十二篇，合三百九十七法，除重複，定有一百一十三方今請頒行。」又稱：
「自仲景於今八百餘年，惟王叔和能學之。」

四、診法

　　中醫將診病概括為望、聞、問、切四法。屬綜合性診法的有：宋施發《察
病指南》、清林之翰《四診抉微》。重點闡發脈診的有晉王叔和《脈經》。後來
出現託名王叔和的《王叔和脈訣》（簡稱《脈訣》），元戴啟宗撰《脈訣刊誤》，
明李時珍撰《瀕湖脈學》，均辨《脈訣》之偽妄。

　　《脈訣刊誤》二卷　元戴啟宗撰。《隋書經籍志》載《王叔和脈經》十卷，

唐志並同，而無所謂脈訣者。呂復《群經古方論》曰：「《脈訣》一卷，乃六朝高陽生所撰，託以叔和之名，謬立七表、八里、九道之目，以惑學者。通真子劉元賓為之注，且續歌括附其後，詞既鄙俚，意亦滋晦。」其說良是。然以高陽生為六朝人，則不應《隋志》、《唐志》皆不著錄，是亦考之未審。《文獻通考》以為熙寧以前人偽託，得其實矣。其書自宋以來，屢為諸家所考駁，然泛言大略，未及一一核正其失，且淺俚易誦，故俗醫仍相傳。習啟宗是書，乃考證舊文，句句為辨，原書偽妄始抉摘無遺，於脈學殊為有裨。

《瀕湖脈學》一卷　明李時珍撰。宋人剽竊王叔和《脈經》改為《脈訣》，其書之鄙謬，人人知之，然未能一一駁正也。至元戴啟宗作刊誤，字剖句析，與之辨難，而後其偽妄始明。啟宗書之精覈，亦人人知之，然但斥　本之非，尚未能詳立一法，明其何以是也。時珍乃撮舉其父言聞四診發明著為此書以正脈訣之失。自是以來《脈訣》遂廢，其廓清醫學之功，亦不在戴啟宗下也。

望診方面的專著有明汪宏《望診遵經》。舌診專著有清張登《傷寒舌鑒》，是書備列傷寒觀舌之法，分白胎、黃胎、黑胎、灰色、紅色、紫色、黴醬色、藍色八種，為圖一百二十，各有總論。

五、本草

《神農本草經》三卷　託名神農。載藥三百六十五味，分上中下三品，總結了漢代以前本草學的成就。今單行之本不傳，惟見於唐慎微《本草》所載，其刊本以陰文書者皆其原文。梁陶弘景撰《本草經集注》七卷〔註2〕，按藥物的自然屬性分類。唐代《新修本草》五十四卷，對陶書有所匡正。明繆希雍撰《神農本草經疏》三十卷，明盧之頤撰《本草乘雅半偈》十卷，清徐大椿撰《神農本草經百種錄》一卷。宋唐慎微《證類本草》三十卷（一本三十二卷），是一部總結宋代以前藥物學成就的專著，頗受官方重視，先後在大觀、政和、紹興年間修訂成《大觀本草》、《政和本草》、《紹興本草》。宋寇宗奭撰《本草衍義》十七卷，冠以序例三卷，合二十卷。元王好古撰《湯液本草》三卷，《四庫提要》稱：「此書所列皆從名醫試驗而來，雖為數無多，而條例分明，簡而有要，亦可云適於實用之書。」

〔註2〕閻若璩《尚書古文疏證》卷八：「朱子於此章引唐子西之言曰：『陶弘景知本草而未知經。注本草誤，其禍疾而小；注六經誤，其禍遲而大。』余謂注本草誤，以藥物殺人之身。注六經誤，以學術殺人之心。殺人之身，人即知戒。殺人之心，心與印板相似，傳染無窮，此其禍有不待較別者。」

《本草綱目》五十二卷　明李時珍撰。是編取神農以下諸家本草，薈萃成書，復者芟之，闕者補之，訛者糾之，凡二十六部、六十二類、一千八百八十二種。每藥標正名為綱，附釋名為目，次以集解、辨疑、正誤，次以氣味、主治附方。其分部之例，首水火，次土，次金石，次草穀菜果木，次服器，次蟲鱗介禽獸，終之以人。搜羅群籍，貫串百氏。自謂「歲歷三十，書採八百餘家，稿凡三易，然後告成者」。《四庫提要》稱：「集本草之大成者無過於此。」

六、方書

《千金要方》九十三卷　唐孫思邈撰。凡診治之訣、針灸之法，以至導引養生之術，無不周悉，猶慮有遺缺，更撰《翼方》輔之。

《外臺秘要方》四十卷　唐王燾撰。其方多古來專門秘授之遺。

《普濟方》四百二十六卷　明朱橚撰。是書取古今方劑，匯輯成編，乃凡一千九百六十論、二千一百七十五類、七百七十八法、六萬一千七百三十九方、二百三十九圖，可謂集方書之大全者。

《博濟方》五卷　宋王袞撰。博採禁方逾二十載，所得方論凡七千餘道，擇其尤精要者得五百餘首。

七、臨床

臨證綜合有：金李杲《蘭室秘藏》六卷、明王綸《明醫雜著》、皇甫中《明醫指掌》等。

溫病有：明吳有性《瘟疫論》二卷，開溫病學說之先聲。清葉桂《溫熱論》為溫病學說奠定基礎。清吳鞠通《溫病條辨》提出了三焦辯證，王士雄《溫熱經緯》把溫病分為新感與伏氣兩大類。

內科有：晉葛洪原撰《肘後卒救方》、梁陶弘景補《肘後備急方》，是臨床急救手冊，凡分五十一類，有方無論，不用難得之藥，簡要易明。金李杲撰《內外傷辨惑論》及《脾胃論》二書，明王肯堂撰《證治準繩》一百二十卷。宋董汲《腳氣治法總要》二卷是治療腳氣的專著。

婦產科有：宋陳自明《婦人大全良方》二十四卷、明王肯堂《女科證治準繩》五卷。產科有《產育寶慶方》二卷、《產寶諸方》一卷。

兒科有：宋錢乙《小兒藥證真訣》、明王肯堂《幼科證治準繩》九卷。其他如晁、陳二氏所著錄者，有《兒童寶鏡》、《小兒靈秘方》、《小兒至訣》、《小

兒醫方》、《小兒斑疹論》諸書，後來皆不可得見。四庫僅著錄二書：一為《小兒衛生總微論方》，二十卷，不著撰人名氏，凡論一百條，自初生以至成童，無不悉備，論後各附以方。一為《顱囟經》，二卷，不著撰人名氏，《四庫提要》疑為唐末宋初人所偽作，以王冰《素問注》第七卷內有「師氏藏之」一語，遂託名師巫，以自神其說。其書專述小兒科病症，首論脈候至數之法，小兒與大人不同，次論受病之本與治療之術，次論火丹證治，分列十五名目，皆他書所未嘗見。其論雜證，亦多秘方。

外科：南齊龔慶宣編《劉涓子鬼遺方》十卷，全面總結了晉代以前的外科成就。唐藺道人《仙授理傷續斷方》專門介紹骨傷骨折病症。南宋陳自明的《外科精要》是第一部以「外科」命名的專著。宋代東軒居士撰《衛濟寶書》二卷，使用打針法等多種治療方法。元齊德之《外科精義》，先論後方，於瘡腫診候淺深虛實最為詳盡。《四庫提要》稱「於瘍科之中最為善本」。明汪機《外科理例》七卷，凡分一百四十七類，又補遺七類，共為一百五十四門，後附方一卷，凡一百六十五則。大旨主於調補元氣，先固根柢，不輕用寒涼攻利之劑。明薛己《癘瘍機要》（收入《薛氏醫案》），為麻風專書。

傷科有：明薛己《正體類要》（收入《薛氏醫案》）、清錢秀昌《傷科補要》、趙竹泉《傷科大成》。

眼科有：《銀海精微》，舊本題唐孫思邈撰。其中辯論諸證頗為明晰，論及各種外治法。其法補瀉兼施，寒溫互用，亦無偏主一格之弊。

咽喉口齒科有：明薛己《口齒類要》（收入《薛氏醫案》），頗為精要。

八、針灸、推拿、按摩

針灸方面的著作有：晉皇甫謐《針灸甲乙經》，凡一百二十八篇，皆論針灸之道，既闡述了針灸的基本理論，也釐定了針灸穴位，是針灸學的主要經典，早在唐代就被定為官方教材。後來有宋王惟德《銅人針灸經》、王叔權《針灸資生經》、元王國端《扁鵲神應針灸玉龍經》、明汪機《針灸問對》等書。又有《明堂灸經》八卷，專論灸法，題曰西方子撰，不知何許人。明萬曆間楊繼洲編纂《針灸大成》，影響不小。

推拿、按摩方面有：《漢書‧藝文志》列有《黃帝岐伯按摩》十卷，今已不傳。明龔延賢《小兒推拿秘旨》、周子蕃《小兒推拿秘訣》、清熊應雄《小兒推拿廣意》等。

九、養生

《壽親養老新書》四卷 第一卷為宋陳直撰，本名《養老奉親書》，第二卷以後則元大德中泰寧鄒鉉所續增，與直書合為一編，更題今名。直書自飲食調治至簡妙老人備急方分為十五篇二百三十三條，節宣之法甚備。明高濂作《遵生八箋》，其四時調攝箋所錄諸藥品大抵本於是書。徵引方藥，類多奇秘，於高年頤養之法不無小補。

十、醫論、醫案

醫論著作有：宋程迥《醫經正本書》，專論傷寒無傳染，以救薄俗骨肉相棄絕之敝。元朱震亨《格致餘論》，其說謂陽易動，陰易虧，獨重滋陰降火，創為陽常有餘陰常不足之論，意主補益，故諄諄以飲食、色慾為箴。

醫案著作有：明江瓘《名醫類案》十二卷，分二百五門，各詳其病情方藥，瓘所隨事評論者亦夾註於下。清魏之琇《續名醫類案》六十卷，明陳桷《石山醫案》三卷，四庫均已著錄。

十一、醫史、醫話

《醫史》十卷 明李濂撰。是編採錄古來名醫，自《左傳》醫和以下迄元李杲見於史傳者五十五人，又採諸家文集所載，自宋張擴以下迄於張養正凡十人。張機、王叔和、王冰、王履、戴原禮、葛應雷六人，則濂為之補傳，每傳之後，亦各附論斷。

《醫學源流論》二卷 清徐大椿撰。其大綱凡七：曰經絡臟腑，曰脈，曰病，曰藥，曰治法，曰書論，曰古今。分子目九十有三，持論多精鑿有據。

醫話著作有：明黃承昊《折肱漫錄》六卷，承昊體羸善病，因參究醫理，疏其所得，以著是書，分養神、養氣、醫藥三門。其論專主於補益，未免一偏。清計楠《客塵醫話》、王士雄《潛齋醫話》、陸以湉《冷廬醫話》，亦頗有名。

十二、綜合

《景岳全書》六十四卷 明張介賓撰。是書首為《傳忠錄》三卷，統論陰陽六氣及前人得失；次《脈神章》三卷，錄診家要語；次為《傷寒典》、《雜證謨》、《婦人規》、《小兒則》、《痘疹詮》、《外科鈐》，凡四十一卷。又《本草正》二卷，次新方二卷、古方九卷。又別輯婦人、小兒、痘疹、外科方四卷。

《薛氏醫案》七十七卷　明薛己撰。是書凡十六種，己所自著者為：《內科摘要》二卷、《女科撮要》二卷、《保嬰粹要》一卷、《保嬰金鏡錄》一卷、《原機啟微》三卷、《口齒類要》一卷、《正體類要》二卷、《外科樞要》四卷、《癧瘍機要》三卷。其訂定舊本附以己說者為：王履《明醫雜著》六卷、陳自明《婦人良方》二十三卷、敖氏《傷寒金鏡錄》一卷、錢氏《小兒直訣》四卷、其父鎧《保嬰撮要》二十卷，又陳自明《外科精要》三卷、陳文仲《小兒痘疹方論》一卷。

　　《東垣十書》二十卷　不著編輯者名氏。其中《辨惑論》三卷、《脾胃論》三卷、《蘭室秘藏》三卷，實李杲之書；《崔真人脈訣》一卷，稱杲批評。其餘六書，惟《湯液本草》三卷、《此事難知》二卷，為王好古所撰，其學猶出於東垣。至朱震亨《局方發揮》一卷、《格致餘論》一卷、王履《醫經泝洄集》一卷、齊德之《外科精義》二卷，皆與李氏之學淵源各別，概名為東垣之書，殊無所取。

　　《河間六書》二十七卷　明吳勉學編。是編裒輯金劉完素之書，凡《原病式》一卷、《宣明論》十五卷、《保命集》三卷、《傷寒醫鑒》一卷、《傷寒直格》三卷、《傷寒標本》二卷，附《傷寒心要》、《傷寒心鏡》各一卷，名為六書，實為八書。

第三節　天文曆算類

《四庫全書總目·天文算法類序》云：

　　　　三代上之製作，類非後世所及。惟天文算法則愈闡愈精。容成造術，顓頊立制，而測星紀閏，多述帝堯，在古初已修改漸密矣。洛下閎以後，利瑪竇以前，變化不一。泰西晚出，頗異前規。門戶構爭，亦如講學。然分曹測驗，具有實徵，終不能指北為南，移昏作曉。故攻新法者，至國初而漸解焉。

　　　　聖祖仁皇帝《御製數理精蘊》諸書，妙契天元，精研化本，於中西兩法權衡歸一，垂範億年。海宇承流，遞相推衍。一時如梅文鼎等，測量撰述，亦具有成書。故言天者，至於本朝更無疑義。今仰遵聖訓，考校諸家，存古法以溯其源，秉新制以究其變。古來疏密，鑿然具矣。若夫占驗機祥，率多詭說。鄭當再火，禆灶先誣。舊史各自為類，今亦別入之術數家。惟算術、天文相為表裏。《明史·

藝文志》以算術入小學類，是古之算術，非今之算術也。今覈其實，
與天文類從焉。

天文算法類又分為推步、算書二小類，二者的分野在於：「諸家算術為天
文而作者入此門（推步），其專言數者則別立為算書一類。」

三代以上，人人皆知天文。明代中葉以前，禁止私習天文，文人學士對天
文茫然不知，談不上著述立說。自明代中葉天文開禁以後，斯學始興。

一、推步

此類著錄三十一部，擇其要者扼要列舉如下。

《周髀算經》二卷　原名《周髀》，不著撰人名氏。是書內稱：「周髀長八
尺，夏至之日，晷一尺六寸。」周者，洛陽之王城也；髀者，表也。古人於王
城周地立八尺之表，以為股，其影為句，故曰「周髀」。其首章周公與商高問
答，實句股之鼻祖。《四庫提要》稱：「其本文之廣大精微者，皆足以存古法之
意，開西法之源。」它是我國最古的天文學著作，主要闡明蓋天說和四分曆
法。唐代將它列為算經十書之首，並且改稱為《周髀算經》。

《六經天文編》二卷　宋王應麟撰，是編裒六經之言天文者，以《易》、
《書》、《詩》所載為上卷，《周禮》、《禮記》、《春秋》所載為下卷。

《聖壽萬年曆》五卷《律曆融通》四卷　明朱載堉撰。明代《大統曆》承
用元代《授時曆》，二百七十餘年未嘗改憲，成化以後交食往往不驗，議改曆
者紛紛，萬曆二十三年，朱載堉撰《律曆融通》，進《聖壽萬年曆》，《明史·
曆志》曰：「其說本之南京都御史何瑭，深得授時之意，而能匡所不逮。臺官
泥於舊聞，當事憚於改作，並格不行。」

《古今律曆考》七十二卷　明邢雲路撰。是書詳於曆而略於律，七十二卷
中言律者不過六卷，亦罕所發明。惟辨黃鐘三寸九分之非，頗為精當。《四庫
提要》稱：「雲路值曆學壞敝之時，獨能起而攻其誤，其識加人一等矣。」

《乾坤體義》三卷　利瑪竇撰。是書上、中卷皆言天象，下卷皆言算術，
其言皆驗諸實測，其法皆具得變通，所謂詞簡而義賅。

《表度說》一卷《簡平儀說》一卷　熊三拔撰。前書大旨言表度起自土
圭，後創為捷法，可以隨意立表。後書大旨以視法取渾圓為平圓，而以圓測量
渾圓之數。

《天問略》一卷　陽瑪諾撰。是書於諸天重數、七政部位、太陽節氣、晝

夜永短、交食本原、地影朧細、蒙氣映漾、蒙影留光，皆設為問答，反覆以明其義。

《崇禎曆書》一百三十七卷　《四庫全書》作《新法算書》，僅一百卷，徐光啟等撰。其書凡十一部：法原、法數、法算、法器、會通，謂之基本五目，日躔、恒星、月離、日月交會、五緯星、五星交會，謂之節次六目。書首為修曆緣起，皆當時奏疏及考測辯論之事。

《測量法義》一卷　利瑪竇口授，徐光啟筆錄。首造器，次論景，次設問十五題。

《御製曆象考成》四十二卷　康熙五十二年（1713）聖祖仁皇帝御定。分上下二編，上編曰揆天察紀，下編曰明時正度。又表十六卷，以致其用。

《御定曆象考成後編》十卷　乾隆二年（1737）奉敕撰，為《御製曆象考成》之續編。

《御定儀象考成》三十二卷　乾隆九年奉敕撰，乾隆十七年告成。卷首上下為御製機衡撫辰儀。卷一至卷十三為總紀恒星及恒星黃道經緯度表，卷十四至卷二十五為恒星赤道經緯度表，卷二十六為月五星相距恒星黃赤道經緯表，卷二十七至卷三十為天漢經緯度表。以乾隆九年甲子為元，驗諸實測，比舊增一千六百一十四星。

《曉庵新法》六卷　清王錫闡撰。前一卷述句股割圜諸法，後五卷皆推步七政交食、凌犯之術。成於明之末年，故以崇禎元年（1628）戊辰為曆元。

《天步真原》一卷　清薛鳳祚所譯西洋穆尼閣法。順治中穆尼閣寄寓江寧，喜與人談算術，而不招人入耶穌教，在彼教中號為篤實君子，鳳祚初從魏文魁遊，主持舊法。後見穆尼閣，始改從西學，盡傳其術，因譯其所說為此書。其法專推日月交食。

《曆算全書》六十卷　清梅文鼎撰。《四庫提要》稱：「足以通中西之旨，而折今古之中，自郭守敬以來，罕見其比。」

《四庫提要》稱：「言天三家，惟周髀有書，然周人不甚講推步，故動輒失閏，《左傳》所記可考也。漢以後雖測算漸精，又往往得諸神解，其法多見於史志，書亦罕傳，傳者惟宋、元以下數家而已，故今所著錄，新法為多。」

二、算書

四庫著錄二十五部：《九章算術》、《孫子算經》、《數術記遺》、《海島算經》、

《五曹算經》、《五經算術》、《夏侯陽算經》、《張丘建算經》、《緝古算經》、《數學九章》、《測圓海鏡》、《測圓海鏡分類釋術》、《益古演段》、《弧矢算術》、《同文算指》、《幾何原本》、《御定數理精蘊》、《幾何論約》、《數學鑰》、《數度衍》、《勾股引蒙》、《勾股矩測解原》、《少廣補遺》、《莊氏算學》、《九章錄要》。既包括中算，也有西法（如《幾何原本》）。擇要介紹如下。

《周髀算經》　「算經十書」（即《周髀算經》、《九章算術》、《海島算經》、《孫子算經》、《張丘建算經》、《五曹算經》、《五經算術》、《綴術》、《夏侯陽算經》、《緝古算經》）之一，詳見前面推步部分。

《九章算術》九卷　不著撰者名氏。其編纂年代大約是在東漢初期。這是我國古代最為重要的數學經典，它對先秦算學內容進行了歸納和總結，由 246 個數學問題及其答案和術文組成，分別隸屬於方田、粟米、衰分、少廣、商功、均輸、盈不足、方程、句股九章。《四庫提要》卷一百七稱：「算數莫古於九數，九數莫古於是書。雖新法屢更，愈推愈密，而窮源探本，要百變不離其宗。錄而傳之，固古今算學之弁冕矣。」

《海島算經》一卷　晉劉徽撰，唐李淳風注。劉徽序《九章算術》有云：「徽尋九數有重差之名，凡望極高、測絕深而兼知其遠者必用重差，輒造重差，並為注解，以究古人之意，綴於句股之下。度高者重表，測深者累矩，孤離者三望，離而又旁求者四望。」據此則徽之書本名「重差」，初無「海島」之目，亦但附於句股之下，不別為書。至海島之名，雖古無所見，不過後人因卷首以海島立表設問而改斯名。宋刻本《海島算經》已經失傳，現在傳本是由戴震從《永樂大典》中輯錄出來的九個問題訂成的。除第七題的「又術」外，都是正確的。〔註3〕

《孫子算經》三卷　不知孫子何許人。相傳其法出於孫武，朱彝尊《五曹算經跋》以為確出於孫武。《四庫提要》謂書內有後漢明帝以後人語（長安、洛陽相去里數和佛書二十九章），決非孫武原著。錢寶琮考證其原著時代為公元 400 年前後，傳本《孫子算經》有經後人改竄和附加之處〔註4〕。卷上首先敘述竹籌記數的縱橫相間制和乘除法則，卷中說明分數算法和開平方法，卷下選擇了幾個比較難解的算術問題，如「雞兔同籠問題」、「出門望九堤問題」、

〔註3〕　《李儼錢寶琮科學史全集》，遼寧教育出版社，1998 年版，第 4 冊，第 205～206 頁。

〔註4〕　《李儼錢寶琮科學史全集》，遼寧教育出版社，1998 年版，第 4 冊，第 217～218 頁。

「婦人蕩九杯問題」。特別是「物不知數」一題，其題為：

今有物，不知其數，三、三數之，剩二；五、五數之，剩三；
七、七數之，剩二。問物幾何？答曰：二十三。

術曰：三、三數之剩二，置一百四十；五、五數之剩三，置六
十三；七、七數之剩二，置三十。並之，得二百三十三。以二百一
十減之，即得。凡三、三數之剩一，則置七十；五、五數之剩一，則
置二十一；七、七數之剩一，則置十五。一百六以上，以一百五減
之，即得。

這就是聞名於世的「中國剩餘定理」，引起人們很大的興趣。古人一再賦詩以
助記憶。宋周密詩曰：

三歲孩兒七十稀，五留廿一事尤奇。

七度上元重相會，寒食清明便可知。

明程大位《算法統宗》曰：

三人同行七十稀，五樹梅花廿一枝。

七子團圓正月半，除百零五便得知。

《錦繡萬花谷前集》卷三十八《易數詩》云：

三人同行七十稀，五郎念一鎮相隨。

七哥記取常十五，此是易數大希夷。（無餘者不算）

該書提出了一個巧妙的解題方法。解題的關鍵是在找三個與 1 同餘的乘積。

《張丘建算經》三卷　自序末題「清河張丘建謹序」，不詳著書年代。錢
寶琮斷定其編纂年代在公元 466 年至 485 年之間〔註 5〕。其書體例皆設為問
答，凡一百條，簡奧古質，頗類《九章算術》，與近術不同，而條理精密，實
能深究古人之意，故唐代頒之算學，以為專業。「百雞問題」開古代不定方程
研究之先河。

《五曹算經》五卷　是一部為地方行政職員編寫的應用算術書，分為田曹
卷、兵曹、集曹、倉曹、金曹，其編次義例為：「生人之本，上用天道，下分
地利，故田曹為首；既有田疇，必資人功，故以兵曹次之；既有人眾，必用食
飲，故以集曹次之；眾既會集，必務儲蓄，故倉曹次之；倉廩貨幣，交質變易，
故金曹次之。」全書共計 67 個問題，解法都很淺近，關於腰鼓田、鼓田、四
不等田的面積算法是錯誤的。《四庫提要》推斷「其書確在北齊前」，而錢寶琮

〔註 5〕　《李儼錢寶琮科學史全集》，遼寧教育出版社，1998 年版，第 4 冊，第 251 頁。

認為「當在元魏初年以後」。〔註6〕

　　《五經算術》二卷　北周甄鸞撰，唐李淳風為之注。列舉《尚書》、《孝經》、《詩》、《易》、《論語》、《三禮》、《春秋》的古注中有關數字計算的地方加以詳盡的解釋，但對萬、億、兆、秭等大數名稱的解釋值得懷疑。

　　《緝古算經》一卷　唐王孝通撰。其結銜稱通直郎太史丞，其始末未詳。《唐書‧律曆志》戊寅曆條下有「武德九年校曆人算曆博士臣王孝通題」，蓋即其人。其《上緝古算經表》云：「臣長自閭閻，少小學算，鐫磨愚鈍，迄將皓首，鑽尋秘奧，曲盡無遺。代乏知音，終成寡和。伏蒙聖朝收拾，用臣為太史丞。比年已來，奉敕校勘傅仁均曆，凡駁正術錯三十餘道，即付太史施行。」是書原名《緝古算術》，於顯慶元年（656）立於學官。全書只有20個問題，涉及土方體積、句股等問題，須用高次方程來解決，這在當時是比較艱深的。

　　《夏侯陽算經》　《隋書‧經籍志》有《夏侯陽算經》二卷，《唐書‧藝文志》列《夏侯陽算經》一卷，甄鸞注，又韓延《夏侯陽算經》一卷。《夏侯陽算經自序》云：「五曹孫子，述作滋多，甄鸞劉徽，為之詳釋。」《四庫提要》推測夏侯陽其人在甄鸞後，又謂韓延似作注者姓名。然錢寶琮認為：「北宋元豐七年秘書省所刻《算經十書》中的《夏侯陽算經》是一部偽書。韓延可能是這部書的作者。傳本《夏侯陽算經》是在唐代宗在位時期（763～779）寫成的。傳本《夏侯陽算經》是數學史研究中的一個重要文獻，它的豐富多彩的內容是值得珍視的。」〔註7〕

　　《綴術》　其書今已失傳。祖沖之、祖暅父子合撰。《隋書‧律曆志》云：「又設開差冪、開差立，兼以正圓參之，指要精密，算氏之最者也。所著之書名為《綴術》，學官莫能究其深奧，是故廢而不理。」唐代國子監算學博士所習有此種，但至北宋元豐七年所刻卻無之，南宋時嘉定六年鮑澣之重刻九種算經，又從道書中覓得《數術記遺》，同時刊刻。

　　《數術記遺》一卷　舊題漢徐岳撰，北周甄鸞注。《四庫提要》云：「唐代選舉之制，算學《九章》、《五曹》之外兼習此書，此必當時購求古算，好事者因依託為之，而嫁名於嶽耳。」錢寶琮認為：「《數術記遺》書內容淺陋，原無

〔註6〕　《李儼錢寶琮科學史全集》，遼寧教育出版社，1998年版，第4冊，第309～
　　　　310頁。
〔註7〕　《李儼錢寶琮科學史全集》，遼寧教育出版社，1998年版，第4冊，第421～
　　　　423頁。

傳世的價值。」〔註8〕

《數書九章》十八卷　宋秦九韶撰。秦九韶與李冶、楊輝、朱世傑並稱為「宋元數學四大家」。是書分為九類：一曰大衍，以奇零求總數，為九類之綱；二曰天時，以步氣朔晷影及五星伏見；三曰田域，以推方圓冪積；四曰測望，以推高深廣遠；五曰賦役，以均租稅力役；六曰錢穀，以權輕重出入；七曰營建，以度土功；八曰軍旅，以定行陣；九曰市易，以治交易。雖以「九章」為名，而與古九章門目迥別。至於田域、測望、賦役、錢穀、營建、軍旅、市易七類，皆擴充古法，取事命題。其「正負開方術」（高次方程數值解法）和「大衍求一術」（一次同餘式組解法）均達到了當時世界數學的最高水平，前者被稱為「秦九韶程序」，後者通稱「中國剩餘定理」。

《幾何原本》六卷　歐幾里得撰，利瑪竇譯，徐光啟筆錄。原書十三卷，五百餘題，瑪竇之師丁氏為之集解，又續補二卷於後，共為十五卷，今止六卷者。卷一論三角形，卷二論線，卷三論圓，卷四論圓內外形，卷五、卷六俱論比例。徐光啟自序云：「譯受是書，此其最要者，遂刊之。」《四庫提要》稱：「其書每卷有界說，有公論，有設題。界說者，先取所用名目解說之，公論者，舉其不可疑之理，設題則據所欲言之理，次第設之，先其易者，次其難者，由淺而深，由簡而繁，推之至於無以復加而後已。是為一卷。每題有法、有解、有論、有系。法言題用，解述題意，論則發明其所以然之理，系則又有旁通者焉。」又稱：「以是弁冕西術，不為過矣。」

算術之屬為中國數學史的寶庫。《四庫全書總目》云：「數為六藝之一，百度之所取裁也。天下至精之藝，如律呂、推步，皆由是以窮要渺，而測量之術，尤所取資，故天文無不根算書，算書雖不言天文者，其法亦通於天文，二者恒相出入，蓋流別而源同。今不入小學，而次於天文之後，其事大，從所重也。不與天文合為一，其用廣，又不限於一也。」數學與天文學關係密切，故將算術放在天文算法類中。

第四節　藝術類

《四庫全書總目・藝術類序》云：

> 古言六書，後明八法，於是字學、書品為一事。左圖右史，畫

〔註8〕《李儼錢寶琮科學史全集》，遼寧教育出版社，1998年版，第4冊，第404頁。

亦古義，丹青金碧，漸別為賞鑒一途。衣裳製而纂組巧，飲食造而陸海陳，踵事增華，勢有馴致。然均與文史相出入，要為藝事之首也。琴本雅音，舊列樂部，後世俗工撥捩，率造新聲，非復《清廟》、《生民》之奏，是特一技耳。摹印本六體之一，自漢白元朱，務矜鐫刻，與小學遠矣。《射義》、《投壺》載於《戴記》。諸家所述，亦事異禮經，均退列藝術，於義差允。至於譜博弈、論歌舞，名品紛繁，事皆瑣屑，亦並為一類，統曰雜技焉。

　　四庫之藝術類分為書畫之屬、琴譜之屬、篆刻之屬、雜技之屬。現在，我們將藝術類做了較大的調整：第一，保留原有的書畫之屬，增加遊藝、觀賞、雜品三屬；第二，改造琴譜之屬，將它與經部之樂類合併，設立音樂之屬；第三，撤消篆刻之屬，將四庫所設的篆刻之屬歸到工具部譜錄類下的印譜之屬；第四，撤消雜技之屬，將此屬著錄的《羯鼓錄》、《樂府雜錄》歸到音樂之屬，將《元元棋經》、《棋訣》歸到遊藝之屬。《四庫全書總目》解釋說：「《羯鼓錄》、《樂府雜錄》，《新唐書志》皆入經部樂類，雅鄭不分，殊無條理。今以類入之於藝術，庶各得其倫。」顯然也是以雅鄭為標準，雅者入經部，鄭者入藝術，現在看來已經過時，必須調整。

　　經過調整的藝術類下分書畫、音樂、遊藝、觀賞、雜品五屬：

一、書畫

　　四庫著錄七十一部，存目五十二部。《四庫全書總目》解釋說：「考論書畫之書，著錄最夥，有記載姓名如傳記體者，有敘述名品如目錄體者，有講說筆法者，有書畫各為一書者，又有共為一書者，其中彼此鉤貫，難以類分，今通以時代為次。其兼說賞鑒古器者，則別入雜家雜品中。」近人余紹宋撰《書畫書錄解題》，著錄自東漢至近代書畫著作 860 餘種，分為史傳、做法、論述、品藻、題贊、著錄、雜識、叢輯、偽託、散佚十類。此類名作甚多，著名者如《古畫品錄》、《書品》、《續畫品》、《書譜》、《法書要錄》、《歷代名畫記》、《唐朝名畫錄》、《圖畫見聞志》、《林泉高致集》、《宣和畫譜》、《宣和書譜》、《石渠寶笈》等，簡介如下。

　　《古畫品錄》一卷　南齊謝赫撰。大抵謂畫有六法，兼善者難。所言六法，即氣韻生動、骨法用筆、應物象形、隨類賦彩、經營位置、傳移模寫，影響深遠，畫家宗之。是書等差畫家優劣，分為六品。自陸探微以下，以次品

第，各為序引，僅得二十七人。第一品為陸探微、曹不興、衛協、張墨、荀勗五人；第二品為顧駿之、陸綏、袁蒨三人；第三品為姚曇度、顧愷之、毛惠遠、夏瞻、戴逵、江僧寶、吳暕、張則、陸杲九人；第四品為蘧道愍、章繼伯、顧寶先、王微、史道碩五人，第五品為劉頊、晉明帝、劉紹祖三人，第六品為宋炳、丁光二人。姚最頗詆其謬，謂如長康之美，擅高往策，矯然獨步，終始無雙，列於下品，尤所未安。李嗣真亦譏其黜衛進曹，有涉貴耳之論。張彥遠稱：「謝赫評畫，最為允愜；姚李品藻，有所未安。」評顧愷之曰：「除體精微，筆無妄下，但跡不逮意，聲過其實。」

《書品》一卷　梁庾肩吾撰。是書載漢至齊、梁能真草者一百二十八人，分為九品，每品各繫以論，而以總序冠於前。《四庫提要》謂其論列多有理致，究不失先民典型。

《續畫品》一卷　舊本題陳吳興姚最撰。其書繼謝赫《古畫品》而作，而以赫所品高下多失其實，故但敘時代，不分品目，所錄始於梁元帝，終於解蒨，凡二十人，各為論斷。《四庫提要》謂「凡所論斷，多不過五六行，少或止於三四句，而出以儷詞，氣體雅雋，確為唐以前語，非後人所能依託也」。

《書譜》一卷　唐孫過庭撰。自宋以來，皆推能品。張懷瓘推獎是書，亦稱其深得旨趣，故操翰者奉為指南。

《書斷》三卷　唐張懷瓘撰。所錄皆古今書體及能書人名。上卷列古文大篆籀文小篆八分隸書章草行書飛白草書十體，各述其源流，繫之以贊，末為總論一篇。中卷、下卷分神妙能三品，每品各以體分凡神品二十五人，除各體重複，得十二人，妙品九十八人，除各體重複，得三十九人，能品一百七人，除各體重複，得三十五人。《四庫提要》謂其紀述頗詳，評論亦允，張彥遠《法書要錄》全載其文，蓋當代以為精鑒矣。

《法書要錄》十卷　唐張彥遠撰。彥遠博學有文辭，家聚書畫侔秘府，彥遠承其餘澤，故聞見尤富。是編集古人論書之語，起於東漢，迄於元和，皆具錄原文，而如王羲之教子敬筆論之未見其書者，則特存其目，編次極為詳贍，其中不加論斷。可謂唐以前書畫文獻之淵藪。

《歷代名畫記》十卷　唐張彥遠撰。是書述所見聞極為賅備。前三卷皆畫論，一敘畫之源流，二敘畫之興廢，三敘自古畫人姓名，四論畫六法，五論畫山水樹石，六論傳授南北時代，七論顧陸張吳用筆，八論畫體工用搨寫，九論名價品第，十論鑒識收藏閱玩，十一序自古跋尾押署，十二敘自古公私印記，

十三論裝褙褾軸，十四記兩京外州寺觀畫壁，十五論古之秘畫珍圖。自第四卷以下，皆畫家小傳。《四庫提要》稱其鑒別之精，足資考證。

《唐朝名畫錄》一卷　唐朱景玄撰。所分凡神、妙、能、逸四品，神、妙、能又各別上中下三等，而逸品則無等次。自庾肩吾、謝赫以來，品書畫者多從班固《古今人表》分九等，張懷瓘作《書斷》，始立神、妙、能三品之目，猶之上、中、下也。別立逸品，實始於景玄，至今遂因之而不能易。四品所載共一百二十四人，其中逸品三人：王墨、張志和、李靈省。逸品謂技藝達到超眾脫俗的品第。明何良俊《四友齋叢說・畫一》云：「世之評畫者，立三品之目：一曰神品，二曰妙品，三曰能品。又有立逸品之目於神品之上者。」

《圖畫見聞志》六卷　宋郭若虛撰。其書以張彥遠《歷代名畫記》絕筆唐末，因續為裒輯，歷五代至熙寧七年而止，分敘事、記藝、故事拾遺、近事四門。所志名人藝士，流派本末頗稱賅備。其論製作之理，亦能深得畫旨，故馬端臨以為「看畫之綱領」，與《歷代名畫記》同為繪畫史經典之作。

《林泉高致集》一卷　宋郭思撰。書凡六篇，曰山水訓，曰畫意，曰畫訣，曰畫題，曰畫格拾遺，曰畫記。山水訓云：「世之篤論，謂山水有可行者，有可望者，有可遊者，有可居者。畫凡至此，皆入善品，但可行可望不如可遊可居之為得。何者？觀今山川地占數百里，可遊可居之處十無三四，而必取可居可遊之品。君子之所以渴林泉者，正為佳處故也。故畫者當以此意造，而覽者又當以此意求之，謂不失本意。」

《石渠寶笈》四十四卷　乾隆九年奉敕撰。是編所收皆內府所收之古今名跡，雖或臨本逼真，亦暨置之次等，題疑俱仍其舊。書畫首詳本幅，先分別箋絹，與書之真草篆隸，畫之墨畫著色及本人款識圖章，或他人題跋。

二、音樂

《四庫全書總目・樂類序》云：

> 沈約稱《樂經》亡於秦。考諸古籍，惟《禮記・經解》有「樂教」之文。伏生《尚書大傳》引「辟雍舟張」四語，亦謂之樂，然他書均不云有《樂經》。《隋志》：《樂經》四卷，蓋王莽元始三年所立。賈公彥《考工記・磬氏疏》所稱「樂曰」，當即莽書，非古《樂經》也。大抵《樂》之綱目具於《禮》，其歌詞具於《詩》，其鏗鏘鼓舞則傳在伶官。漢初制氏所記，蓋其遺譜，非別有一經為聖人手定也。特以宣豫導和，感神人而通天地，厥用至大，厥義至精，故尊其教，

得配於經。而後代鐘律之書亦遂得著錄於經部，不與藝術同科。

顧自漢氏以來，兼陳雅俗，豔歌側調，並隸雲韶。於是諸史所登，雖細至箏琶，亦附於經末。循是以往，將小說稗官，未嘗不記言、記事，亦附之《書》與《春秋》乎？悖理傷教，於斯為甚！今區別諸書，惟以辨律呂、明雅樂者仍列於經。其謳歌末技，絃管繁聲，均退列「雜藝」、「詞曲」兩類中，用以見大樂元音，道侔天地，非鄭聲所得而奸也。

孔子曰：「安上治民，莫善於禮；移風易俗，莫善於樂。」禮樂並行不悖，構成中華禮樂文明的基調。雅樂「道侔天地」，「感神人而通天地，厥用至大、厥義至精」；而「鄭聲淫」，聖人主張「放鄭聲」。《四庫全書總目》以雅鄭為標準，當時易於分辨。後世雅鄭錯位，難於操作，故頗有質疑問難之聲，因此，我們撤消四庫經部之樂類，設立音樂之屬。

《皇祐新樂圖記》三卷　宋阮逸、胡瑗奉敕撰。上卷具載律呂、黍尺、四量、權衡之法，皆以橫黍起度，故樂聲失之於高。中、下二卷，考定鐘磬、晉鼓及三牲鼎、鸞刀制度，精覈可取。

《樂書》二百卷　宋陳暘撰。自第一卷至九十五卷，引《三禮》、《詩》、《書》、《春秋》、《周易》、《孝經》、《論語》、《孟子》之言，各為之訓義。其第九十六卷至二百卷，則專論律呂本義、樂器樂章及五禮之用樂者，為《樂圖論》，引據浩博，辯論亦極精審。陳振孫《書錄解題》謂《樂書》博則博矣，未能免於蕪穢。《四庫提要》則認為，此書包括歷代，總述前聞，既欲備悉源流，自不得不兼陳正變。

《律呂新書》二卷　宋蔡元定撰。是書實朱、蔡師弟子相與共成之者，故獨見許如此。書分二卷：一為《律呂本原》，凡十三篇；其一卷為《律呂證辨》九十篇。開卷云：「古樂之亡久矣，然秦漢之間去周未遠，其器與聲猶有存者，故其道雖不行於當世，而其為法猶未有異論也。逮於東漢之末，以接西晉之初，則已浸多說矣。歷魏周齊隋、唐五季，論者愈多，而法愈不定。爰及我朝，功成治定，理宜有作。」

《律呂成書》二卷　元劉瑾撰。是書以候氣為定律之本，因而推其方圓周徑，以考求其積分。

《羯鼓錄》一卷　唐南卓撰。其書分前後二錄，前錄成於大中二年，後錄成於四年。前錄首敘羯鼓源流形狀，次敘元宗以後諸故事。後錄載崔鉉所說宋

璟知音事，而附錄羯鼓諸宮曲名。

《樂府雜錄》一卷　唐段安節撰。《四庫提要》稱其中樂部諸條與《開元禮》、杜佑《通典》、《唐書‧禮樂志》相出入，知非傳聞無稽之談，敘述亦頗有倫理。

三、遊藝

（一）棋弈

《玄玄棋經》一卷　舊本題宋晏天章撰。分為十三篇：棋局第一，得算第二，權輿第三，合戰第四，虛實第五，自知第六，審局第七，度情第八，斜正第九，洞微第十，名數第十一，品格第十二，雜說第十三。

《棋訣》一卷　宋劉仲甫撰。書凡四章，一曰布置，二曰侵凌，三曰用戰，四曰取捨。仲甫曰：「棋者，意同於用兵，故敘此四篇，粗合孫吳之法。」

四、觀賞

（一）園藝

《園冶》三卷　明計成撰。計成字無否，江蘇吳江人。卷一「興造論」和「園說」為全書立論基石，後有相地、立基、鋪地、掇山、選石、借景等十篇。大旨在「雖由天作，宛自天開」，「巧於因借，精在體宜」二語，追求天然之趣。此書是我國第一部園林藝術理論專著。

《說園》五卷　今人陳從周撰。大旨主於園有動觀、靜觀之分，謂小園以靜觀為主，動觀為輔；庭園專主靜觀；大園則以動觀為主、靜觀為輔。又移文學意境之說於造園之術，意主含蓄。非深諳於園林曲直、虛實之理，豈得如此真知卓見？同濟大學出版社1984年版末附32幅造園圖，為最佳之本也。

（二）石譜

《雲林石譜》三卷　宋杜綰撰。是書匯載石品，凡一百一十有六，各具出產之地、採取之法，詳其形狀色澤，而品其高下。然如端溪之類，兼及硯材，浮光之類，兼及器用之材質。

《太湖石志》一卷　宋范成大撰。自序謂：「石出西洞庭，多因波濤激囓而為嵌空，浸濯而為光瑩，或縝潤如珪瓚，廉劌如劍戟，矗如峰巒，列如屏障，或滑如肪，或黝如漆，或如人，如獸，如禽鳥。好事者取之，以充苑囿庭除之玩。」載四庫本《說郛》卷九十六下。

《宣和石譜》一卷　宋常懋撰。《雲林石譜提要》云:「末附《宣和石譜》,皆記艮嶽諸石,有名無說,不知誰作。」《四庫提要》對於作者顯然失考。

《素園石譜》四卷　明林有麟撰。有麟於所居素園,闢元池館,以聚奇石,因採宣和以後石之見於往籍者,凡百種,具繪為圖,並綴以前人題詠,編為此譜。始於蜀中永寧石,終於松江達摩石。大抵以意摹寫,未必一一逼真。

(三)古玩

《古奇器錄》一卷　明陸深撰。雜錄古人奇器名目,並分別標明出處。書末附有《江東藏書目錄》,其目次為:經第一,理學第二,史第三,古書第四,諸子第五,文集第六,詩集第七,類書第八,雜史第九,地志第十,韻書第十一,小學、醫學第十二,雜流第十三。又特為制書一類。《四庫提要》稱其義例與歷代書目頗有不同,陸深以意為之,不用古法。

《分宜清玩譜》一卷　不著撰人名氏。取嚴嵩家所藏古玩,彙編為一冊,皆據其尤珍異者編目,並非所藏全貌,僅古琴一項就多達五十餘張。

(四)雜賞

《洞天清錄》一卷　宋趙希鵠撰。希鵠宗室子。是書所論皆鑒別古器書畫之事。凡古琴辨三十二條、古硯辨十二條、古鐘鼎彝器辨二十條、怪石辨十一條、硯屏辨五條、筆格辨三條、水滴辨二條、古翰墨真蹟辨四條、古今石刻辨五條、古今紙花印色辨十五條、古畫辨二十九條。《四庫提要》稱其洞悉源流,辨析精審。

《長物志》十二卷　明文震亨撰。震亨字啟美,長洲人。崇禎中官武英殿中書舍人,以善琴供奉。是編分室廬、花木、水石、禽魚、書畫、几榻、器具、位置、衣飾、舟車、蔬果、香茗十二類。所論皆閒適遊戲之事,纖悉畢具。《四庫提要》稱其言收藏賞鑒諸法頗有條理,較明季山人墨客稍為雅馴。

《考槃餘事》四卷　明屠隆撰。是書雜論文房清玩之事。一卷言書板碑帖,二卷評書畫琴紙,三卷、四卷則筆硯爐瓶以至一切器用服御之物,皆詳載之,列目頗為瑣碎。

五、雜品

《四庫全書總目·雜家類序》云:「旁究物理,臚陳纖瑣者,謂之雜品。」又云:「古人質樸,不涉雜事。其著為書者,至射法、劍道、手搏、蹴踘止矣。至《隋志》而欹器圖猶附小說,象經棋勢猶附兵家,不能自為門目也。宋以後

則一切賞心娛目之具，無不勒有成編，圖籍於是始眾焉。今於其專明一事一物者，皆別為譜錄。其雜陳眾品者，自《洞天清錄》以下，並類聚於此門。蓋既為古所未有之書，不得不立古所未有之例矣。」《四庫全書》雜家類雜品之屬著錄十一部，著名的有：《洞天清錄》、《負暄野錄》、《雲煙過眼錄》、《格古要論》、《竹嶼山房雜部》、《遵生八箋》、《清秘藏》、《長物志》等。雜品之屬，涉及書畫、古玩、器物、養生，於「一切賞心娛目之具」中獨取其「雜陳眾品」者。我們將《洞天清錄》、《長物志》二種移至觀賞之屬。下面僅介紹《負暄野錄》、《雲煙過眼錄》、《格古要論》、《竹嶼山房雜部》、《遵生八箋》等。

《負暄野錄》二卷　舊本題曰陳槱撰，不著時代。其書上卷論石刻及諸家書格，下卷論學書之法及紙墨筆研諸事，《四庫提要》稱其源委分明，足資考證。

《雲煙過眼錄》四卷《續錄》一卷　宋周密撰。是書記所見書畫古器，略品甲乙，而不甚考證。例如：「王維畫維摩像，如生。巨然畫溪山圖，四人撐一舟，甚佳。」

《格古要論》三卷　明曹昭撰。昭字明仲，松江人。其書成於洪武二十年，凡分十三門：古銅器、古畫、古墨蹟、古碑法帖、古琴、古硯、珍奇、金鐵、古窯器、古漆器、錦綺、異木、異石。《四庫提要》稱其於古今名玩器具真贗優劣之辨，皆能剖析微至，又稱其諳悉典故，故其書頗為賞鑒家所重。

《竹嶼山房雜部》三十二卷　是書凡養生部六卷、燕閒部二卷、樹畜部四卷，皆明宋詡撰。種植部十卷、尊生部十卷，宋詡之子宋公望撰。《四庫提要》稱其於田居雜事最為詳悉。

《遵生八箋》十九卷　明高濂撰。其書凡為八目。卷一、卷二曰《清修妙論箋》，皆養身格言；卷三至卷六曰《四時調攝箋》，皆按時修養之訣；卷七、卷八曰《起居安樂箋》，皆寶物器用可資頤養者；卷九、卷十曰《延年卻病箋》，皆服氣、導引諸術；卷十一至十三曰《飲饌服食箋》，皆食品名目，附以服餌諸物；卷十四至十六曰《燕閒清賞箋》，皆論賞鑒清玩之事，附以種花卉法；卷十七、十八曰《靈秘丹藥箋》，皆經驗方藥；卷十九曰《塵外遐舉箋》，則歷代隱逸一百人事蹟。《四庫提要》稱其書專以供閒適消遣之用。

第五節　工藝類

《中國叢書綜錄》將工藝類分為日用器物、文房器物、食品製造及格致四

屬。我們將格致之屬升格為格致類，本書工藝類僅保留日用器物、文房器物、食品製造三屬。

一、日用器物

《中國叢書綜錄》分為陶瓷、飲具、家具、錦繡、衣服、香、遊具、船、琉璃、髹飾、雕刻、叢錄等小類。

《窯器說》一卷　清程哲撰。有《昭代叢書》本。

《觥記注》一卷　宋鄭獬撰。收入四庫本《說郛》卷九十四下。

《茶具圖贊》一卷　明茅一相撰。有《叢書集成初編》本。

《燕几圖》一卷　舊本題宋黃伯思撰，《四庫提要》疑為後人所依託。書中記載幾長七尺的有二種，長五尺二寸五分的有二種，長三尺五寸的有二種。此三類幾拿都寬一尺七寸五分、高二尺八寸，縱橫錯綜而為二十體，變為四十式，名謂之骰子桌，後增一幾，易名七星，衍為二十五體，變為六十八式，各標目而繫以解說。

《蝶幾圖》一卷　明嚴澂撰。是是因《燕几圖》變通而成。《燕几圖》以方幾長短相參，此書則以句股之形作三角相錯，几案形狀如蝴蝶翅，故曰「蝶幾」。其式有三，其制有六，其數有十三，其變化之式凡一百有餘，遠較《燕几圖》為精巧。

《蜀錦譜》一卷　元費著撰。

《繡譜》二卷　清陳丁佩撰。

《新室志》一卷　唐褚遂良撰。有《方氏叢書》本。

《內外服制通釋》七卷　宋車垓撰。是書一仿朱熹《家禮》而補其所未備，有圖，有說，有名義，有提要，凡正服、義服、加服、降服皆推闡明晰，具有條理。牟楷序謂《家禮》著所當然，此釋其所以然，蓋不誣也。

《藝林匯考服飾篇》十卷　清沈自南撰。子目凡八：曰冠幘、簪髻、裝飾、袍衫、佩帶、裙袴、履舄、繒帛。其所徵引，率博贍有根柢，故陳鑑題記又述汪份之言曰：《匯考》所載諸書皆取有辨正者，閱之足以益智祛疑，又所採必載書名，令習其書者可一望而知，欲觀原文者亦可按籍以求，其體例皆非近世類書所能及。所論頗得其實，故特錄之雜考類中，不與他類書並列焉。

《香譜》二卷　舊本不著撰人名氏，左圭《百川學海》題為宋洪芻撰。此本有「水沉香」一條，而所稱鄭康成諸條俱不載卷數，比《通考》所載芻譜亦

多一卷，似非竄作。其書凡分四類，曰香之品，曰香之異，曰香之事，曰香之法。是譜記載頗為賅備，足資考證。

《香譜》四卷　宋陳敬撰。是書凡集沈立、洪芻以下十一家之香譜匯為一書，徵引既繁，不免以浩博為長，稍逾限制。然諸家之譜今不盡傳，陳敬薈粹群言，為之總匯，佚文遺事多賴以傳。

《香乘》二十八卷　明周嘉胄撰。其書凡香品五卷，佛藏諸香一卷，宮掖諸香一卷，香異一卷，香事分類二卷，香事別錄二卷，香緒餘一卷，法和眾妙香四卷，凝合花香一卷，薰佩之香、塗傅之香共一卷，香屬一卷，印香方一卷，印香圖一卷，晦齋香譜一卷，墨娥小錄香譜一卷，獵香新譜一卷，香爐一卷，香詩、香文各一卷，採摭極為繁富。

《忘懷錄》一卷　宋沈括撰。載《說郛》卷七十四上。

《遊具雅編》一卷　明屠隆撰。所載笠杖漁竿之屬，皆便於遊覽之具，故以為名。卷末附圖四式，一曰太極樽，一曰葫蘆樽，一曰山遊提盒，一曰提爐。書末附繪其形制。

《起居器服箋》一卷　明屠隆撰。載《美術叢書》二集第九輯。

《南陵六舟記》一卷　明潘之恒撰。載《說郛續》卷二十八。

《湖船錄》一卷　清厲鶚撰。

《湖船續錄》二卷　清丁武撰。

《琉璃志》一卷　清孫廷銓撰。載《美術叢書》初集第九輯。

《髹飾錄》二卷　明黃成撰，明楊明注。此書為漆工專著，敘述各種漆器之做法。闞鐸撰《髹飾錄箋證》二卷。

《竹人錄》二卷　清金元鈺撰。載《美術叢書》二集第五輯。

《銅劍贊》一卷　梁江淹撰。齊永明中掘地得古銅劍，淹因詮次劍事，考古人鑄兵用銅後世鑄兵用鐵之原委，以為之贊。四庫列入譜錄類存目。

《蠙衣生劍記》一卷　明郭子章撰。是編專門記載劍事，分上下二篇，下卷則紀其寓言。四庫列入譜錄類存目。

《劍筴》二十七卷　明錢希言撰。是編專門記載歷代劍事，《四庫提要》稱採摭繁蕪，分類尤為冗瑣，故列入譜錄類存目。

《桂海器志》一卷　宋范成大撰。自序謂：「南州風俗，猺雜蠻猺，故凡什器多詭異，而外蠻兵甲之制，亦邊備之所宜知者。」如竹弓、黎弓、蠻弩、瑤人弩、藥箭等。載四庫本《說郛》卷六十二上。

二、文房器物

《中國叢書綜錄》分為筆、墨、紙、硯、裝潢、叢錄六小類。

《筆經》一卷　晉王羲之撰。載《說郛》卷九十八，僅十餘條。「世傳張芝、鍾繇用鼠鬚筆，筆鋒勁強，有鋒芒，余未之信。」張芝、鍾繇

《筆錄》一卷　明項元汴撰。

《筆史》二卷　清楊忍本撰。忍本字因之，南城人。其書內編一卷，分原始、定名、屬籍、結撰、效用、膺秩、寵遇、引退、考成九門，外編一卷，分徵事上下及述贊三門。《四庫提要》稱：「大旨由韓愈《毛穎傳》而推衍之，雜引故典，抄撮為書，不以著作論也。」

《墨譜法式》三卷　宋李孝美撰。上卷凡採松、造窯、發火、取煤、和製、入灰、出灰、磨試八圖。中卷凡祖氏、奚庭珪、李超、李庭珪、李承宴、李文用、李惟慶、陳贇、張遇、盛氏、柴珣、宣道、宣德、猛州貢墨、順州貢墨及不知名氏十六家之式。下卷凡牛皮膠、鹿角膠、魚膠、減膠、冀公墨、仲將墨、庭珪墨、古墨、油煙墨、敘藥、品膠十一法。而牛皮膠有二法，庭珪墨有二法，古墨有三法，油煙墨有六法，實二十法。《四庫提要》稱其持論剖析毫芒，具有精理。

《墨經》一卷　宋晁說之撰。論膠云：「有上等煤而膠不如法，墨亦不佳。如得膠法，雖次煤而成善墨。」可謂精究和膠之法。

《墨史》三卷　元陸友撰。友字友仁，亦字宅之，平江人。其書集古來精於製墨者，考其事蹟，勒為一書。又詳載高麗、契丹、西域之墨，附錄雜記二十五則，皆墨之典故。《四庫提要》稱其搜羅隱僻，頗為博贍。

《蜀箋譜》一卷　元費著撰。是書附錄《歲華紀麗譜》之末，又載四庫本《說郛》卷九十八。《四庫提要》稱：「末附《箋紙》、《蜀錦》二譜，蓋漢唐以來二物為蜀中所擅，而未有專述其源委者，著因風俗而及土產，稽求名品，臚列頗詳，是亦足資考證者矣。」

《箋紙譜》一卷　元費著撰。卷首小引稱：「今天下皆以木膚為紙，而蜀中乃盡用蔡倫法。箋有玉板，有貢餘，有經屑，有表光。玉板、貢餘雜以舊布破履亂麻為之，惟經屑、表光非亂麻不用於是造紙者，廟以祀蔡倫矣。」是書附錄《歲華紀麗譜》之末，又載四庫本《說郛》卷九十八。

《歙州硯譜》一卷　宋唐積撰。中分採發、石坑、攻取、品目、修斫、名狀、石病、道路、匠手、攻器十門。《四庫提要》稱所志開鑿成造之法甚為詳晰。

　　《硯史》一卷　宋米芾撰。首冠以用品一條，論石之當以髮墨為上，色次之，形制工拙又其次，文藻緣飾雖天然，失硯之用。後附性品一條，論石質之堅軟樣品一條，則備列晉硯、唐硯，以迄宋代形制之不同。中紀諸硯，自玉硯至蔡州白硯，凡二十六種。《四庫提要》稱於端、歙二石辨之尤詳。

　　《硯譜》一卷　宋李之彥撰。左圭刻入《百川學海》中，皆雜錄硯之出產與其故實。僅三十二條。《四庫提要》稱其書不為贍博，採摭間有疏舛。

　　《端溪硯譜》一卷　不著撰人名氏。其書前論石之所出與石質、石眼，次論價，次論形制，而終以石病。唐柳公權論硯首青絳二州不言端石，蘇易簡《文房四譜》亦尚以青州紅絲硯為首，自是以後，端硯始獨重於世，而鑒別之法遂愈以精密。《四庫提要》稱此譜於地產之優劣、石品之高下皆剖晰微至，可以依據。

　　《欽定西清硯譜》二十四卷　乾隆四十三年內直諸臣奉敕編定。硯各圖其正面、背面，間及側面。凡奉有御題、御銘、御璽及前人款識、銘跋、印記，悉皆按體摹臨，而系譜於後，詳其尺度、材質、形制、收藏名人姓氏、出處，悉為考核。先以陶之屬，上自漢瓦，下逮明制，凡六卷。次為石之屬，則自晉王廞璧水硯以至國朝朱彝尊井田硯，凡十卷，共為硯二百，為圖四百六十有四，其後三卷曰附錄。

　　《裝潢志》一卷　明周嘉冑撰。是書論述有關裝裱書畫、碑帖的各項技術、格式，共 42 條。提出良工應該具備「補天之手，貫虱之睛，靈慧虛和，心細如髮」的四項標準。此書是我國第一部裝潢學專著。

　　《文房四譜》五卷　宋蘇易簡撰。是編集古今筆硯紙墨原委本末及其故實，繼以辭賦詩文。《四庫提要》稱其書搜採頗為詳博。

　　《文具雅編》一卷　明屠隆撰。介紹了 40 餘種文房用具。

三、食品製造

　　《中國叢書綜錄》分為鹽、糖、酒三小類。有關鹽之《熬波圖》，四庫列在史部政書類邦計之屬。有關糖、酒之著作，四庫列在譜錄類食譜之屬。經過調整，均歸到此屬。食譜，指有關食物調配和烹調方法的書冊或單子。此屬原來與農家類的書有牽連處，《四庫全書總目》也清楚地認識到這個問題：「《齊民要術》備載飲食烹飪之法，故後之類於是者悉入農家。其實賈思勰所言閭閻日用之常耳，至於天廚珍膳、方州貢品，連而入之，則非農家所有事矣。故諸

書有可連類及者，書儀可附禮之類是也。有不可連類及者，曲韻不可附小學之類是也。今於近似農家者，並改隸譜錄，俾均不失其實。」四庫譜錄類食譜之屬著錄十部，如《茶經》、《茶錄》、《品茶要錄》、《宣和北苑貢茶錄》、《東溪試茶錄》、《北山酒經》、《酒譜》、《糖霜譜》等，以茶居多，酒次之，糖霜最少。我們將茶列入農家類，而將酒、糖列入此類。

《熬波圖》一卷　元陳椿撰。此書乃元統中椿為下砂場鹽司，因前提幹舊圖補綴而成。自各團灶座至起運散鹽，為圖四十有七，圖各有說，後繫以詩，凡曬灰打鹵之方，運薪試蓮之細，纖悉畢具。

《糖霜譜》一卷　宋王灼撰。是編凡分七篇。首篇敘唐大曆中鄒和尚始創糖霜之事，第二篇言以蔗為糖始末，第三篇言種蔗，第四篇言造糖之器，第五篇言結霜之法，第六篇言宣和中供御諸事，第七篇則糖霜之性味及製食諸法。

《北山酒經》三卷　宋朱翼中撰。本書是有關中國古代釀酒工藝的專著。上卷為總論，講釀酒的起源、歷代聞名的酒事及釀酒技藝的演進。中卷介紹酒麴分類和具體製法。下卷對整個製麴造酒工藝之法作了詳盡記述。書中所講內容與近代紹興酒釀造方法基本一致。

《酒譜》一卷　宋竇蘋撰。雜敘酒之故事，分十二節，可謂酒史小百科，始於酒名，中包酒源、酒事、酒功、酒克、亂德、誡失、神異、異域、性味、飲器，終於酒令。《四庫提要》稱大抵摘取新穎字句，以供採掇，與譜錄之體亦稍有不同。

第六節　術數類

《四庫全書總目·術數類序》云：

> 術數之興，多在秦漢以後。要其旨，不出乎陰陽五行，生克制化。實皆《易》之支派，傅以雜說耳。
>
> 物生有象，象生有數，乘除推闡，務究造化之源者，是為數學。星土雲物，見於經典，流傳妖妄，寖失其真。然不可謂古無其說，是為占候。自是以外，末流猥雜，不可殫名，史志總概以五行。今參驗古書，旁稽近法，析而別之者三：曰相宅相墓，曰占卜，曰命書相書。並而合之者一，曰陰陽五行。雜技術之有成書者，亦別為一類附焉。

中惟數學一家，為《易》外別傳，不切事而猶近理。其餘則皆百偽一真，遞相煽動。必謂古無是說，亦無是理，固儒者之迂談；必謂今之術士能得其傳，亦世俗之惑志，徒以冀福畏禍。今古同情，趨避之念一萌，方技者流各乘其際以中之。故悠謬之談，彌變彌夥耳。然眾志所趨，雖聖人有所弗能禁。其可通者，存其理，其不可通者，姑存其說可也。

術數，謂以種種方術，觀察自然界可注意的現象，來推測人的氣數和命運。也稱「數術」。《漢書‧藝文志》列天文、曆譜、五行、蓍龜、雜占、形法六種，並云：「數術者，皆明堂羲和史卜之職也。」但史官久廢，除天文、曆譜外，後世稱術數者，一般專指各種迷信，如星占、卜筮、六壬、奇門遁甲、命相、拆字、起課、堪輿、占候等。因此術數類往往被視為迷信之大本營。《四庫全書總目》亦僅肯定數學一派，對於其他「悠謬之談」姑存其說而已。

本類分七屬：

一、易數

《易》的數學一派，大抵皆入術數類。此類著錄十六部，如《太玄經》、《元包‧元包數總義》、《潛虛》、《皇極經世書》、《皇極經世觀物外篇衍義》、《洪範皇極內外篇》、《天原發微》、《大衍索隱》、《三易洞璣》等。關於《太玄經》等書入數學類，《四庫全書總目》解釋說：「《太玄經》稱準《易》而作，其揲法用三十六策……則《太元》亦占卜書也。」關于邵子的《皇極經世書》，《四庫全書總目》特別予以申說：「《皇極經世》雖亦《易》之餘緒，而實非作《易》之本義，諸家著錄，以出於邵子，遂列於儒家。然古之儒者，道德仁義，誦說先王，後之儒者，主敬存誠，闡明理學，均無以數為宗之事，於義頗屬未安。夫著述各有體裁，學問亦各有類別。朱子《晦庵大全集》皆六經之旨也，而既為詩文，不得不列為集。《通鑒綱目》亦《春秋》之義也，而既為編年，不得不列為史，此體例也。《陰符經刊誤》、《參同契刊誤》均朱子手著，而既為黃老神仙之說，不得不列為道家，此宗旨也。邵子既推數以著書，則列之術數，其亦更無疑義矣。」

《太玄經》十卷　漢揚雄撰。原書分玄經、玄首、章句三部分。今存玄經五千餘言，玄傳分《首》、《沖》、《錯》、《測》、《攡》、《瑩》、《數》、《文》、《捝》、《圖》、《告》十一篇，皆以解剝玄體，離散其文。全書結構體例完全模擬《周易》。《首》相當於《周易》的《象》，《測》相當於《周易》的《象辭》，《攡》、

《瑩》、《捝》、《圖》、《告》相當於《周易》的《繫辭》，《數》相當於《周易》的《說卦》，《沖》相當於《周易》的《序卦》，《錯》相當於《周易》的《雜卦》。其基本概念為「玄」——「夫玄者，天道也，地道也，人道也。」玄一分為三，名之為方，有一方、二方、三方。一方為天玄，二方為地玄，三方為人玄。三方又分為九州，九州又分為二十七部，二十七部又分為八十一首（相當於《周易》的六十四卦），八十一首又分為七百二十九贊（相當於《周易》的三百八十四爻）。此書多用古文奇字，深奧難通。晉范望注本為現存的最早注本，宋司馬光撰《太玄集注》，清陳本禮撰《太玄闡秘》，今人鄭萬耕撰《太玄校釋》（北京師範大學出版社，1989 年版），劉韶軍撰《太玄研究》（武漢出版社，1991 年版）、《太玄經校注》（華中師範大學出版社，1996 年版），問永寧撰《太玄與易學史存稿》（商務印書館，2010 年版）。

　　《皇極經世書》十二卷　宋邵雍撰。其書分為《以元經會》、《以會經運》、《以運經世》三部分，起於堯帝甲辰，終於後周顯德六年己未。凡屬興亡治亂之跡，皆以卦象推衍。邵雍之後，王湜作《易學》，祝泌作《皇極經世解起數訣》，張行成作《皇極經世索隱》，皆傳其學。《朱子語錄》曰：「自《易》以後，無人做得一物如此整齊，包括得盡。」又曰：「康節《易》看了，都看別人的不得。」然《朱子語錄》又曰：「《易》是卜筮之書，《皇極經世》是推步之書。《經世》以十二刊卦管十二會，纏定時節，卻就中推吉凶消長，與《易》自不相干。」又曰：「康節自是《易》外別傳。」《皇極經世書》中多有名言，如卷末數條云：「天時、地理、人事三者知之不易。學以人事為大。今之經典，古之人事也。學不際天人，不足以謂之學。學不至於樂，不可謂之學。記問之學未足以為事業。凡人為學，失於自主張太過。學在不止，故王通云沒身而已。」

二、占候

　　指根據天象變化預測自然界的災異和天氣變化。此類僅著錄二部：《靈臺秘苑》、《唐開元占經》。《四庫全書總目》解釋說：「作《易》本以垂教，而流為趨避禍福，占天本以授時，而流為測驗災祥，皆末流遷變，失其本初，故占候之與天文，名一而實則二也。王者無時不敬天，不待示變而致修省，王者修德以迓福，亦不必先期以告符命。後世以占候為天文，蓋非聖人之本意。《七略》分之，其識卓矣。此類本不足錄，以《靈臺秘苑》、《開元占經》皆唐以前書，古籍之不存者，多賴其徵引以傳，故附收之，非通例也。」占候與天文的

解釋權，最終掌握在帝王手中。這些話表面上說得冠冕堂皇，其實多是糊弄老百姓的。

《靈臺秘苑》十五卷　北周庾季才撰。季才之書見於《隋志》者一百十五卷，《周書》本傳又作一百十卷。北宋王安禮等所重修，刪為十五卷。朱彝尊評價甚低：「季才完書必多奧義，諸人芟削，僅摘十一，若作酒醴，去其漿而糟醨在矣。」《四庫提要》頗為持平：「今觀所輯，首以《步天歌》及圖，次釋星驗，次分野土圭，次風雷雲氣之占，次取日月五星三垣列宿逐次詳注，大抵頗涉占驗之說，不盡可憑。又篤信分野，次捨以州郡，強為分析，亦失之穿鑿附會，然其所條列，首尾詳貫，亦尚能成一家之言。」

《唐開元占經》一百二十卷　唐瞿曇悉達撰。所言占驗之法，大抵術家之異學，本不足存。卷一〇三全載唐李淳風《麟德曆經》，卷一〇四記錄有關曆法的計算方法，包括印度的《九執曆》，全法具著，為後世推步家所不及窺。徵引古籍（尤其是緯書），極為浩博，可謂星占學集大成之作。

三、相宅相墓

此類僅著錄八部，如《宅經》、《葬書》、《天玉經》等。《四庫全書總目》云：「相宅相墓，自稱堪輿家……則堪輿，占家也。又自稱曰形家。」、「堪輿」原指稱天地，後指風水，指住宅基地或墓地的形勢。亦指相宅相墓之法。「堪」為高處，「輿」為下處。堪輿家，古時為占候卜筮者之一種，後專稱以相地看風水為職業者，俗稱「風水先生」。宋濂《葬書新注序》云：「堪輿家之術，古有之乎？《周禮》墓大夫之職，其法制甚詳也，而無所謂堪輿家禍福之說，然則果起於何時乎？蓋秦漢之間也。」堪輿家每視地，輒曰某形某像，以定吉凶。所謂「旺穴」、「龍脈」即其口頭禪。堪輿自 20 世紀 50 年代以後被視為迷信，嚴屬禁止，堪輿家近半個世紀銷聲匿跡，但近年來又頗為活躍。相宅相墓，重理舊業，在東南沿海經濟發達地區尤為盛行。

《宅經》二卷　舊本題曰黃帝撰。《四庫提要》稱：「特方技之流欲神其說，詭題黃帝作耳。」其法分二十四路，考尋休咎，以八勢之位向乾、坎、艮、震及辰為陽，巽、離、坤、兌及戌為陰，陽為亥為首，巳為尾，陰以巳為首，亥為尾，而主於陰陽相得，《四庫提要》稱頗有義理，文辭亦皆雅馴，在術數之中猶最為近古者。按卷上云：「夫宅者，乃是陰陽之樞紐，人倫之軌模，非夫博物明賢而能悟斯道也。就此五種，其最要者，唯有宅法而真秘術。凡人所

居，無不在客，雖只大小不等，陰陽有殊，縱然客居一室之中，亦有善惡。大者大訓，小者小論，犯者有災，鎮而禍止，猶藥病之效也。故宅者人之本。人以宅為家居，若安即家代昌吉，若不安即門族衰微。墳墓川岡，並同茲說。上之軍國，次及州郡縣邑，下之村坊署柵乃至山居，但人所處，皆其例焉。」

四、占卜

此類僅著錄五部：《易林》、《京氏易傳》、《靈棋經》、《六壬大全》、《卜法詳考》。《漢志》、《隋志》皆立蓍龜一門，因為古代用龜甲、蓍草等，後世用銅錢，牙牌等推斷吉凶禍福。凡依託《易》義，因素以觀吉凶者，《四庫全書總目》統謂之占卜。焦延壽《易林》、京房《易傳》本為漢儒《易》學的一大派，《四庫全書總目》將它們歸於占卜之屬。

《易林》十六卷　漢焦延壽撰。其書以一卦變為六十四卦，六十四卦又通過變為四千九十六卦。各繫以詞，皆四言韻語。如《乾》之《无妄》云：「傳言相誤，非於徑路。鳴鼓逐狐，不知跡處。」又如《噬嗑》之《大有》云：「國多忌諱，大人恒畏。結口無患，可以長存。」是書對後世影響深遠，專以卦變、納甲、飛伏等說講陰陽災變、吉凶禍福。

《京氏易傳》三卷　漢京房撰。其書雖以《易傳》為名，而絕不詮釋經文，亦絕不附合《易》義。上卷、中卷以八卦分八宮，每宮一純卦統七變卦，而注其世應、飛伏、遊魂、歸魂諸例。下卷首論聖人作《易》揲蓍布卦，次論納甲法，次論二十四氣候配卦等。

五、命書相書

此類著錄十四部，如《李虛中命書》、《玉照定真經》、《星命溯源》、《徐氏珞琭子賦注》、《珞琭子三命消息賦注》、《三命指迷賦》、《星命總括》、《演禽通纂》、《星學大成》、《三命通會》、《玉管照神局》等。此類書籍，其來已久，流傳於民間，大抵附會依託，《四庫提要》謹擇其稍古與稍近理者錄存數家，以見梗概。《四庫全書總目》認為：「其說亦本五行，故古與相宅相墓之屬均合為一。今別為類，蓋命言前知，主於一定不可移，他術則皆言可趨避，其持論殊也。」

六、陰陽五行

此類僅著錄五部：《太乙金鏡式經》、《遁甲演義》、《禽星易見》、《御定星

曆考原》、《欽定協紀辨方書》。《四庫全書總目》認為：「五行休咎，見於《洪範》。蓋以征人事之得失，而反求其本，非推測禍福，預為趨避計也。後世寖失其初，遂為術數之所託……《隋志》以下，並有五行，而無陰陽，殆二家之理本相出入，末流合而一之，習其技者亦不能自分別矣。今總題曰陰陽五行，以存舊目。其書則略以類聚，不復瑣屑區分云。」、「陰陽」的概念在遠古就產生了，《周易》即本於陰陽變化。「五行」見於《尚書・洪範》，起源亦古。陰陽、五行後來合流，遂為術數之所託。

七、雜技術

此類六部皆附存目，其目為：《太素脈法》、《神幾相字法》、《龜鑑易影皇極數》、《紀夢要覽》、《夢占類考》、《夢林元解》。占夢見於《周禮》及《詩經》，其事最古，然《漢志》已列之雜占。《相字》、《太素脈》之類，並出後世，益不足道。《四庫全書總目》統名之曰「雜技術」，錄其名以備數。日有所思，夜有所夢，夢與生活關係密切，人們往往對於形形色色的奇怪之夢有破譯之需求，於是解夢之書應運而生，至今流傳不絕。

第七節　格致類

一、總論

《天工開物》三卷　明宋應星撰。上卷記載穀物豆麻的栽培和加工方法，蠶絲棉苧的紡織和染色技術，以及製鹽、製糖工藝。中卷內容包括磚瓦、陶瓷的製作，車船的建造，金屬的鑄鍛，煤炭、石灰、硫黃、白礬的開採和燒製，以及榨油、造紙方法等。下卷記述金屬礦物的開採和冶煉，兵器的製造，顏料、酒麴的生產，以及珠玉的採集加工等。《天工開物》記載了明朝中葉以前中國古代的各項技術，描繪了130多項生產技術和工具的名稱、形狀、工序，是世界上第一部關於農業和手工業生產的綜合性著作，是中國歷史上偉大的科技著作，被歐洲學者稱為「17世紀的工藝百科全書」。它對中國古代的各項技術進行了系統地總結，構成了一個完整的科學技術體系。對農業方面的豐富經驗進行了總結，全面反映了工藝技術的成就。書中記述的許多生產技術，一直沿用到近代。《天工開物》在日本、歐洲廣泛傳播，被譯為日、法、英、德、意、俄文，其中關於製墨、製銅、養蠶、用竹造紙、冶鋅、農藝加工等等方法，都

對西方產生了影響。

　　《天工開物》初刊於崇禎十年，但《四庫全書》沒有著錄，頗受非議。其實，雍正十三年《陝西通志》引用《天工開物》1 次。乾隆二年奉敕撰、乾隆七年進呈之《欽定授時通考》引用《天工開物》18 次。清高宗《御製詩四集》卷二十一《詠宣窯霽紅瓶》云：「暈如雨後霽霞紅，出火還加微炙工。」原注：「見《天工開物》。」可見，乾隆帝是看到過《天工開物》的。

二、考工

　　《考工記》　此書是迄今所知最早一部內容涉及到古代土木建築制度的官書。《周禮》原有六篇，但《冬官》一篇亡佚，西漢河間獻王劉德以《考工記》補之，於是經與記合為一書。然後儒亦往往別釋之。唐有杜牧注，宋有陳祥道、林亦之、王炎諸家解，今並不傳，獨宋代林希逸《考工記解》二卷僅存。《考工記》所記包括治木之工、治金之工、設色之工、刮摩之工、搏埴之工等六大工藝門類，對於車、削、矢、劍、鍾、量、甲、韋革、皋陶、染羽、磬、玉、弓等工種的技術規範和營造制度敘述甚詳。《考工記》亦是先秦古書，清儒江永《周禮疑義》推測為戰國齊人所撰。其書稱「鄭之刀」，又稱「秦無廬」。而鄭封於宣王時，秦封於孝王時，此書當然非周初作品。但不能因此就說《考工記》是戰國末的書。梁啟超雖然說《考工記》是戰國末的書，但也不能不承認「其文體較古雅些，所敘之事也很結實，沒有理想的話」。其實，這一點正可作為它是周室東遷後的人所作的一個證據。

　　《新儀象法要》三卷　宋蘇頌撰。是書為重修渾儀而作，事在元祐間。上卷自渾儀至水趺共十七圖，中卷自渾象至冬至曉中星圖共十八圖，下卷自儀象臺至渾儀圭表共二十五圖，圖後各有說。葉夢得《石林燕語》謂：「頌所修製之精，遠出前古。」李約瑟云：「書中關於鍾的描述在計時歷史上非常重要。」〔註9〕是書為我國第一部關於天文儀器及鐘錶技術的專著。四庫列在天文算法類推步之屬。

　　《木經》　北宋民間巧匠喻皓撰。此為重要的木構建築專著，但書已亡佚，只有片段輯錄在沈括《夢溪筆談》卷十八：「營舍之法謂之《木經》，或云喻皓所撰。凡屋有三分，自梁以上為上分，地以上為中分，階為下分。階級有

〔註9〕李約瑟：《中華科學文明史》，上海人民出版社，2003～2005 年版，第 2 冊，第 89 頁。

峻、平、慢三等，宮中則以御輦為法：凡自下而登，前竿垂盡臂，後竿展盡臂為峻道；前竿平肘，後竿平肩，為慢道；前竿垂手，後竿平肩，為平道。此之謂下分。其書三卷，近歲土木之工，益為嚴善，舊《木經》多不用，未有人重為之，亦良工之一業也。」

政書類考工之屬移到此類。四庫僅著錄二部：《營造法式》、《欽定武英殿聚珍板程序》。

《營造法式》三十四卷　宋李誡撰。該書成書於元祐六年（1091），是北宋崇寧二年（1103）頒行的一部官修建築規程，也是我國第一部內容最完整的建築設計與施工管理典籍。李誡考究群書，並與人匠講說，分列類例。《看詳》一卷主要提出了測量手段、量度基準和製圖法則。第一、二卷為總釋和總例，考證建築術語的來源和詞義。第三至十五卷論及石作、大木作、小木作等 13 個工種的制度。第十六至二十五卷按照季節制定了功限和計算標準。第二十六至二十八卷對用料的定額作出了規定。第二十九至三十四卷為圖樣，包括了測量工具，部分工種的平面圖和剖面圖，以及構件詳圖和彩畫圖案等。

《梓人遺制》八卷　元薛景石撰。《文淵閣書目》卷四、《千頃堂書目》卷十五藝術類均著錄。是書為木工技藝專書，內容包括建築的大木作、小木作及其他木工工種做法。可惜書已亡佚，《永樂大典》中輯入三卷，並有附圖。這三卷以制度沿革的記事、用材及功限三部分為體例，其中一卷述及各類紡車的製造法，另外兩卷記載了格子門和板門的製造方法，與《營造法式》的有關內容既有區別，又可看出傳承關係。〔註 10〕

《魯班經》　明代民間木工行業專書。其前身為寧波天一閣藏《魯般營造法式》，約成書於明成化至弘治年間。該書保留了一些宋元時期的建築做法，如宋式地盤圖、側樣及構件名稱等。約在萬曆年間，在《營造正式》的基礎上，又出現了《魯班經匠家鏡》，內容駁雜，除了建築和家具，還包括對水車、推車、算盤等的記述，特別是從設計到施工的過程記載比較詳細。〔註 11〕

《工程做法則例》、《物料價值》　雍正九年，工部奏請會同內務府詳定工程做法及物料價值，編纂條例進呈，欽定成書。《工程做法則例》凡七十四

〔註 10〕常青：《中華文化通志・建築志》，上海人民出版社，1998 年版，第 285 頁。
〔註 11〕常青：《中華文化通志・建築志》，上海人民出版社，1998 年版，第 285～286頁。

卷，《內廷工程做法》凡八卷，《簡明做法》一冊，《物料價值》凡四卷，俱校刊頒行。〔註12〕《工程做法》分為做法條例和應用料例及工限兩部分。做法條例包括大木作、裝修作、石作、瓦作、琉璃作、土作、搭材作、銅鐵作、油作、畫作、裱糊作等 11 個專業，20 餘個工種。《物料價值》在工程營造中與《工程做法則例》配合使用。〔註13〕《工程做法則例》為工部營造規條，多關經制，是編詳細編纂，開卷了然，可以遵行〔註14〕。

三、理化

《物理小識》十二卷　明方以智撰。首為總論，中分天類、曆類、風雷雨暘類、地類、占候類、人身類、鬼神方術類、異事類、醫藥類、飲食類、衣服類、金石類、器用類、草木類、禽獸類，共十五門。全書涉及力學、光學、聲學、熱學、電磁學等古代各種科學知識。是書既綜合了我國古代科學知識，也吸收了當時西方的先進科學技術。

《遠鏡說》一卷　湯若望撰。首言利用，次附分用之利，次述原由，次述造法用法。有《叢書集成初編》本。

《光論》一卷　張福僖撰。有《叢書集成初編》本。

《周易參同契》　東漢魏伯陽撰。五代彭曉《解義序》曰：「魏伯陽，會稽上虞人，修真潛默，養志虛無，博贍文詞，通諸緯候，得古人《龍虎經》，盡獲妙旨，乃約《周易》，撰《參同契》三篇，復作《補塞遺脫》一篇，所述多以寓言。參，雜也；同，通也；契，合也。謂與《周易》理通而義合也。其書假借君臣，以彰內外；敘其離坎，直指汞鉛；列以乾坤，奠量鼎器；明之父母，保以始終；合以夫妻，拘其交媾；譬諸男女，顯以滋生；析以陰陽，導之反覆；示之晦朔，通以降騰；配以卦爻，形於變化；隨之斗柄，取以周星；分以晨昏，昭諸刻漏，莫不託《易》象而論之，故明《周易參同契》云。」宋朱子撰《周易參同契考異》，稱魏君後漢人，篇題蓋放緯書之目，詞韻皆古，奧雅難通，讀者淺聞妄輒更改，故比他書尤多舛誤，今合諸本，更相讎正，其間尚多疑晦，未能盡祛，姑據所知，寫成定本，其諸同異因悉存之，以備參訂云。

〔註12〕鄂爾泰、張廷玉等：《國朝宮史》卷二十六，北京出版社，1987 年版，第 552 頁。
〔註13〕常青：《中華文化通志·建築志》，上海人民出版社，1998 年版，第 287 頁。
〔註14〕《皇朝文獻通考》卷二百二十二。

四、器械

《泰西水法》六卷　熊三拔撰。是書皆記取水、蓄水之法。一卷曰龍尾車，用挈江河之水。二卷曰玉衡車、恒水車，附以專筩車、雙升車，用挈井泉之水。三卷曰《水庫記》，用蓄雨雪之水。四卷曰《水法附餘》，皆作井之法，又附以療病之水，明溫泉、藥露療病之理。五卷曰《水法或問》，備言水性。六卷則諸器之圖式。《四庫提要》云：「西洋之學，以測量步算為第一，而奇器次之。奇器之中，水法尤切於民用，視他器之徒矜工巧為耳目之玩者又殊，固講水利者所必資也。」

《奇器圖說》三卷　鄧玉函撰。其術能以力小運大，故名曰重，又謂之力藝。大旨謂天地生萬物，皆有數、有度、有重。數就是算法，度就是測量，重即此力藝之學。先論重之本體，以明立法之所以然，凡六十一條。次論各種器具之法，凡九十二條。次繪起重十一圖、引重四圖、轉重二圖、取水九圖、轉磨十五圖、解木四圖，又繪解石、轉碓、書架、水日晷、代耕各一圖及水銃四圖，每圖皆有解說，對農器、水法說明尤為詳備。第一卷之首有《表性言解》、《表德言解》二篇，俱極誇其法之神妙。

《諸器圖說》一卷　明王徵撰。引水之器二圖，一名虹吸，一名鶴飲。虹吸引之既通，不假人力，而晝夜自常運矣。鶴飲雖用人運，然視他水器則猶力省而功倍。轉碓之器三圖，一名輪激，一名風動，一名自轉。又有輪壺圖、代耕圖、新制連弩圖、連弩散形圖各一。每圖皆有解說，並附有銘贊。

參考文獻

1. 上海圖書館編：《中國叢書綜錄》，上海：上海古籍出版社，1986 年版。

2. 鄂爾泰、張廷玉等：《國朝宮史》，北京：北京出版社，1987 年版。

3. 張元濟：《張元濟古籍書目序跋彙編》，北京：商務印書館，2003 年版。

4. 李儼、錢寶琮：《李儼錢寶琮科學史全集》，瀋陽：遼寧教育出版社，1998 年版。

5. 章太炎：《國學講演錄》，上海：華東師範大學出版社，1995 年版。

6. 李約瑟：《中華科學文明史》，上海：上海人民出版社，2003 年版。

7. 常青：《中華文化通志·建築志》，上海：上海人民出版社，1998 年版。

8. 潘景鄭：《著硯樓讀書記》，瀋陽：遼寧教育出版社，2002 年版。

9. 湯一介主編：《國學舉要》，武漢：湖北教育出版社，2002 年版。

推薦書目

1. 明李時珍：《本草綱目》，北京：華夏出版社，1998 年版（劉衡如、劉山永新校注本）。

2. 唐張彥遠：《法書要錄》，北京：人民美術出版社，1984 年版。

3. 宋司馬光：《太玄集注》，北京：中華書局，1998 年版。

4. 明宋應星：《天工開物》，北京：中華書局，1959 年版。

5. 宋李誡：《營造法式》，北京：商務印書館，2006 年版。

第七章　工具部

　　工具部是我們新分出的一個大部，分為十類：小學類、目錄類、政書類、職官類、類書類、叢書類、傳記類、總集類、譜錄類、雜纂類。歷來的分類往往將以上各類散在四部，如小學類在經部，目錄類、政書類、職官類、傳記類在史部，類書類、叢書類、譜錄類、雜纂類在子部，總集類在集部。但這些類有一個共同特點，即它們的工具性。如小學作為解經的工具而存在，小學類附在經部之後，長期作為經學的附庸的存在，隨著現代學術的演進，小學類演變為語言文字學，它已經脫離了經學的大本營，成為獨立王國。儘管如此，語言文字的工具性質是無法改變的。其實目錄類、職官類是治史的鑰匙，政書類、傳記類也是史部輔助工具。類書類的分類問題一直是困擾目錄學家的難題。鄭樵說：「類書者，謂總眾類，不可分也。若可分之書，當入別類。且如天文有類書，自當列天文類，職官有類書，自當列職官類，豈可以為類書，而總入類書類乎？」〔註1〕鄭樵主張將專門類書各歸其類，而將綜合性類書於四部之外另立一類。《四庫全書總目》也認識到：「類事之書，兼收四部，而非經、非史、非子、非集。四部之內，乃無類可歸。」既然如此，理應將它獨立出來，成立新的部類。但四庫又拘於四分法，無可奈何，只好將它寄存在子部。類書是作為工具而出現的，放在工具部應是最佳選擇。叢書類、譜錄類、雜纂類在子部，總集類在集部，現在皆調整到工具部。

〔註1〕鄭樵：《通志・校讎略》。

第一節　小學類

　　小學類依此分為訓詁、字書、韻書三小類，加上音義，共為四小類：

一、訓詁

　　訓詁之屬著錄十三部：《爾雅注疏》、《爾雅注》、《方言》、《釋名》、《廣雅》、《匡謬正俗》、《群經音辨》、《埤雅》、《爾雅翼》、《駢雅》、《字詁》、《續方言》、《別雅》。

　　黃侃特別重視基本功的訓練，在提出了一份24種國學根柢之書外，又拈出了「小學十書」：《爾雅》、《小爾雅》、《方言》、《說文》、《釋名》、《廣雅》、《玉篇》、《廣韻》、《集韻》、《類篇》。十書之中，以前六書為主，後四書為賓，而以《說文》為主中之主，《集韻》、《類篇》為賓中之賓。〔註2〕下面我們將重點介紹「小學十書」。

　　《爾雅》　全書共有十九篇，可以分成五大類：第一，字詞類：《釋詁》、《釋言》、《釋訓》。《釋詁》、《釋言》主要是單詞的訓釋，《釋訓》多為迭字詞或連綿詞。第二，禮樂類：《釋親》、《釋樂》。《釋親》是關於親屬關係稱謂的解釋，又分為宗族、母黨、妻黨、婚姻四小類。《釋樂》則專講樂。第三，建築類：《釋宮》、《釋器》。《釋宮》解釋宮室的總體名稱和各個部位名稱，《釋器》解釋一般器物名稱、材科名稱和製作工序名稱器。第四，天文地理類：《釋天》、《釋地》、《釋丘》、《釋山》、《釋水》。《釋天》分四時、祥、災、歲陽、歲陰、歲名、月陽、月名、風雨、星名、祭名、講武、旌旗十三類。《釋地》解釋地域名稱和地理環境特點，分九州、十藪、八陵、九府、五方、野、四極七類。《釋丘》講高地，分丘和厓岸兩類。《釋山》講山脈。《釋水》講河流，包括水泉、水中、河曲、九河四類。第五，植物動物類：《釋草》、《釋木》、《釋蟲》、《釋魚》、《釋鳥》、《釋獸》、《釋畜》。分別解釋草本植物、木本植物、昆蟲、水生動物、鳥類、獸類、家畜的名稱。其中《釋獸》分寓屬、鼠屬、齸屬、須屬四類，《釋畜》分馬屬、牛屬、羊屬、狗屬、雞屬、六畜六類。黃侃認為：「《爾雅》一書，本為諸經之翼，離經則無所用；即離《說文》，而其用亦不彰。」〔註3〕《爾雅》的成書不是一人一時所為，而是雜採數代、多家的

〔註2〕黃侃述、黃焯編：《文字聲韻訓詁筆記》，上海古籍出版社，1983年版，第5～6頁。

〔註3〕黃侃述、黃焯編：《文字聲韻訓詁筆記》，上海古籍出版社，1983年版，第5頁。

訓詁材料經多次彙編、完善而成。戰國時期即初具規模，經漢代經典傳注的增補潤色而形成今日之傳本。《爾雅》的材料多取自經傳百家的訓詁，特別與《毛傳》的訓詁相同之處甚多，與其他典籍相似之處也不少，可謂「訓故之淵海，五經之梯航」（宋翔鳳《爾雅郭注義疏序》）。

　　《釋名》八卷　漢劉熙撰。熙字成國，北海（今在山東濰坊）人。分為二十七篇：《釋天》、《釋地》、《釋山》、《釋水》、《釋丘》、《釋道》、《釋州國》、《釋形體》、《釋姿容》、《釋長幼》、《釋親屬》、《釋言語》、《釋飲食》、《釋彩帛》、《釋首飾》、《釋衣服》、《釋宮室》、《釋床帳》、《釋書契》、《釋典藝》、《釋用器》、《釋樂器》、《釋兵》、《釋車》、《釋船》、《釋疾病》、《釋喪制》，共釋 1502 事。此書大體以同聲相諧為訓，通過聲訓探究事物名稱的原由，深入詞語內部探求其音義來源，雖時有穿鑿之嫌，然可因以考見古音，確為語源學研究的重要典籍。又此書去古未遠，所釋器物，亦可因以推求古人制度之遺。別本或題曰《逸雅》，與《爾雅》、《小爾雅》、《廣雅》、《埤雅》合刻，名曰「五雅」。為《釋名》作注釋的主要有清畢沅《釋名疏證》和王先謙《釋名疏證補》（畢氏之書已在王書之中，今有中華書局，2008 年整理本）。

　　《廣雅》十卷　魏張揖撰。揖字稚讓，清河（今河北臨清）人。此書十九篇，全仿《爾雅》而作，博採漢儒箋注、《說文》、《方言》等書，為續寫、增廣《爾雅》之作。隋秘書學士曹憲為之音釋而作《博雅音》。前有揖《上廣雅表》，稱「不在《爾雅》者，詳錄品核，以著於篇，凡萬八千一百五十文」。此書的注本主要有王念孫《廣雅疏證》和錢大昭《廣雅疏義》。王書二十卷，實際上是王念孫借《廣雅》一書以暢述其音韻、文字、訓詁之學識的集大成之作，他博搜漢以前古訓，由古音以求古義，創見極多，是清代語言學史上成就極高的小學要籍。段玉裁《廣雅疏證序》稱：「尤能以古音得古義，蓋天下一人而已矣。」徐復主編的《廣雅詁林》（江蘇古籍出版社，1992 年版），是總結帳式的整理。

　　《方言》十三卷　全稱《輶軒使者絕代語釋別國方言》，漢揚雄撰。雄字子雲，漢蜀郡成都（今四川成都）人。此書體例仿《爾雅》，羅列古今各地同義詞語，以當時的通語解釋，保存了古代大量的口語方音詞彙。現存最早的注本為郭璞《方言注》，後世注本有清戴震《方言疏證》和錢繹《方言箋疏》（中華書局，1991 年整理本）。另外，周祖謨有《方言校箋》（雲南人民出版社，2004 年版）。

《小爾雅》一卷　舊題孔鮒撰，為《孔叢子》第十一篇。此書輯錄了大量漢人的訓詁，分為十三章：《廣詁》、《廣言》、《廣訓》、《廣義》、《廣名》、《廣服》、《廣器》、《廣物》、《廣鳥》、《廣獸》、《廣度》、《廣量》、《廣衡》。早期注本主要有晉李軌注（已佚）、宋宋咸注，清代的注本有王煦《小爾雅疏》八卷、宋翔鳳《小爾雅訓纂》六卷、葛其仁《小爾雅疏證》五卷、胡承珙《小爾雅義證》十三卷、胡世琦《小爾雅義證》、朱駿聲《小爾雅約注》一卷、王貞《小爾雅補義》等，今人遲鐸綜合以上各書，刪同存異，纂成《小爾雅集釋》一書（中華書局，2008 年版）。

二、字書

字書之屬著錄三十六部，著名的有：《急就章》、《說文解字》、《說文繫傳》、《說文繫傳考異》、《說文解字篆韻譜》、《重修玉篇》、《干祿字書》、《五經文字》、《九經字樣》、《汗簡》、《類篇》、《鍾鼎款識》、《復古編》、《班馬字類》、《漢隸字源》、《六書故》、《龍龕手鑒》、《康熙字典》、《隸辨》等。

《說文解字》三十卷　漢許慎撰。慎字叔重，汝南人。是書成於和帝永元十二年（100）。凡十四篇，合《後敘》一篇為十五篇，每篇又分上下二卷，共三十卷。此書共分 540 部首，著錄字頭 93513 個，重文 1163 個，解說 133441 字。其特點是按部首分類編排，其編排規律可歸納為「始一終亥、分類系聯、據形系聯、引申系聯」四條。《四庫提要》稱此書「推究六書之義，分部類從，至為精密。」王鳴盛《說文解字正義序》云：「《說文》為天下第一種書，讀遍天下書，不讀《說文》，猶不讀也。但能通《說文》，餘書皆未讀，不可謂非通儒也。」現存最早的注本為南唐徐鍇《說文解字繫傳》，世稱「小徐本」。徐鍇之兄徐鉉對《說文》進行整理，增加音切和新附字，或有按語，世稱「大徐本」。清代，《說文》學興盛，治《說文》者百餘家，最為著名的是「說文四大家」：段玉裁撰《說文解字注》，桂馥撰《說文解字義證》，王筠撰《說文釋例》、《說文句讀》，朱駿聲撰《說文通訓定聲》。其中尤以《段注》最為知名。此外，丁福保編撰的《說文解字詁林》，彙集了清代「說文學」的大部分著作。

《玉篇》三十卷　南朝梁顧野王撰。野王字希馮，吳郡吳縣人。此書分 542 部，收 16917 字，字頭為楷書，以反切注音，引古書訓釋。今本經後人增字減注。

《類篇》四十五卷　舊本題司馬光撰。書凡十五卷，每卷各分上、中、

下，故稱四十五卷。末一卷為目錄，用《說文解字》例。共分 543 部。其編纂之例有九：一曰同音而異形者皆兩見，二曰同意而異聲者皆一見，三曰古意之不可知者皆從其故，四曰變古而有異義者皆從今，五曰變古而失真者皆從古，六曰字之後出而無據者皆不特見，七曰字之失故而遂然者皆明其由，八曰《集韻》之所遺者皆載，九曰字之無部分者皆以類相聚。此書共收 31319 字，重音21846，共 53165 字。《四庫提要》稱：「其所編錄，雖不及《說文》、《玉篇》之謹嚴。然字者孳也，輾轉相生，有非九千舊數所能盡者。」潘景鄭《影宋抄本類篇跋》云：「此書自《玉篇》以後，繼往開來，集文字訓詁之大成，為學者不可不備之著，大醇小疵，不足為此書病焉。」〔註4〕

　　《康熙字典》四十二卷　康熙五十五年（1716），張玉書、陳廷敬等奉敕編。此書以十二地支分為十二集，而每集分三子卷。凡 214 部，共收字頭 47035個。首有《凡例》、《等韻》、《總目》、《檢字》、《辨似》各一卷，後有《補遺》、《備考》各一卷。部首及同部首字以筆劃多寡為序。每字之下則先列《唐韻》、《廣韻》、《集韻》、《韻會》、《正韻》之音。再訓釋字義，先本義後別義，字義之下又引證舊典，詳其出處。有所考辨，則附注後。每字兼載古體、隸書以及重文、別體、俗書、訛字，皆綴於注。《補遺》一卷收生僻字，《備考》一卷收不可施用字。凡古籍所載，皆務使囊括其中。

　　《經籍籑詁》一〇六卷　清阮元主編。按平水韻分部，每一韻為一卷。此書所錄文字訓釋皆唐以前經傳子史和訓詁書、字書、韻書、音義書中的注釋，採用古書達 100 多種，收字 13349 字。釋義一般先列本義，次列引申義，再列輾轉相訓與名物象數。武漢大學古籍所在此書基礎上整理出《故訓匯纂》。

三、韻書

　　韻書之屬著錄三十三部，著名的有：《廣韻》、《集韻》、《切韻指掌圖》、《韻補》、《五音集韻》、《古今韻會舉要》、《洪武正韻》、《毛詩古音考》、《屈宋古音義》、《音學五書》（分列為《音論》、《詩本音》、《易音》、《唐韻正》、《古音表》）、《韻補正》、《唐韻考》、《古韻標準》。

　　《廣韻》五卷　宋陳彭年、丘雍等奉敕撰。大中祥符元年（1008）書成。其編排體例以四聲為綱，即以「平、上、去、入」為類排列韻字，「上、去、入」三聲各一卷，平聲收字較多，分為上、下兩卷，共五卷；然此所謂「上平」、

〔註 4〕潘景鄭：《著硯樓讀書記》，遼寧教育出版社，2002 年版，第 39～40 頁。

「下平」僅為分卷之便，非後世「陰平」、「陽平」之別。且每一聲調之中，又按同韻字歸類，凡平聲57韻（平聲上卷28韻、下卷29韻），上聲55韻，去聲60韻，入聲34韻，共206韻，仍陸法言《切韻》之舊，所收凡26194字。《廣韻》206韻共有206韻目，以統領各自的同韻字，每韻又因聲母、介音不同，分為若干小韻，共3890小韻。小韻首字先釋字義，再注音切，有兩讀者標「又音」，末標同音字數；首字所統領同音字僅釋字義，不注音切，或標「又音」。注文凡191692字，較舊本為詳。《廣韻》不僅是我們研究中古音的主要工具書，還是我們研究上古音必須借助的橋樑，它是音韻學上一部承上啟下的書。

《集韻》五卷　宋丁度等奉敕撰。仿《廣韻》而作，為其增訂本。收字53525，增加注釋，亦分206韻。此書同用、獨用與《廣韻》略有不同，反切有所改動，小韻也有調動，大致以聲母為序，且多收異體字、方言俗字等。

《毛詩古音考》四卷　明陳第撰。第字季立，福建連江人。此書引《左傳》、《國語》、《楚辭》、秦碑、漢賦以至上古謠、箴、銘、頌、贊等，與《詩經》相互考證，以求其古音。有本證、旁證二例：本證者，《詩經》自身相證，以探古音之源；旁證者，因他書所載以及秦漢以下去風雅未遠者，而求古音之委。此書對「叶音」說的錯誤進行了全面澄清，提出了「時有古今，地有南北，字有更革，音有轉移，亦勢所必至」的著名論斷，這種「歷史音變」的觀念成為後世古音研究的理論綱領。《四庫提要》稱：「國朝顧炎武作《詩本音》，江永作《古韻標準》，以經證經，始廓清妄論。而開除先路，則此書實為首功。鉤稽參驗，本末秩然，其用力可謂篤至。所列四百四十四字，言必有徵，典必探本，視他家執今韻部分、妄以通轉古音者，相去蓋萬萬矣。雖卷帙無多，然欲求古韻之津梁，捨是無由也。自陳第作《毛詩古有音考》、《屈宋古音義》，而古音之門徑始明。」

四、音義

《經典釋文》三十卷　唐陸德明撰。德明名元朗，以字行。此書主要包括兩部分：第一部分是《序錄》一卷，包括自序、條例」、次第、注解傳述人、目錄五類。「自序」自述編撰此書的宗旨，「條例」闡明體例及編撰格式，「次第」說明各典籍編排先後的原因，「注解傳述人」敘述秦漢以來經學傳授源流以及各典籍的注釋、音義著作和作者。第二部分是正文部分，為各典籍的「音

義」，包括《周易》一卷、《尚書》二卷、《毛詩》三卷、《周禮》二卷、《儀禮》一卷、《禮記》四卷、《春秋左氏》六卷、《春秋公羊》一卷、《春秋穀梁》一卷、《孝經》一卷、《論語》一卷、《老子》一卷、《莊子》三卷、《爾雅》二卷。其注音釋義體例大致為：注音以反切為主，兼有直音，或注明某家說法；引舊注或古書以注解字義；有時還注明各家之異以及字體、版本的差異。其中《周易》、《孝經》、《老子》、《莊子》四種為摘句注解、其他均為單字、單詞注解。此書保留了隋、唐以前儒道經典中的大量音讀和解釋，為後世聲韻、訓詁的研究提供了豐富的材料。

《一切經音義》二十五卷　唐釋玄應撰。此書為佛經音讀、字義方面的著作。但卻徵引了大量漢魏以來諸家對先秦兩漢古書的注解，為後世保存了珍貴的資料。

《一切經音義》一百卷　唐釋慧琳撰。與玄應書體式相同，內容更為廣泛。此書在我國長期失傳，清末始自日本傳回中國。遼僧希麟又撰《續一切經音義》十卷。

第二節　目錄類

目錄之學，乃入門之學。欲進入中國文化之殿堂，必須首先熟悉目錄之學。不通斯學，終是亂讀，難免事倍功半。

本類四庫分為經籍、金石二類。經籍之屬四庫著錄十一部：《崇文總目》、《郡齋讀書志》、《遂初堂書目》、《子略》、《直齋書錄解題》、《漢藝文志考證》、《文淵閣書目》、《授經圖》、《欽定天祿琳琅書目》、《千頃堂書目》、《經義考》。上述各種大都在中國目錄學史上佔有一席之地，尤其是《郡齋讀書志》、《直齋書錄解題》、《千頃堂書目》、《經義考》等解題之書，成為讀書治學的必備工具書。存目部分有：《寧藩書目》、《秘閣書目》、《菉竹堂書目》、《文苑春秋敘錄》、《寶文堂分類書目》、《經序錄》、《國史經籍志》、《經廠書目》、《讀書敏求記》、《述古堂書目》、《讀書蕞殘》、《明藝文志》等十四部。這些書質量雖不及前者，但也多多少少對於讀書治學有所裨益。韓信點將，多多益善。目錄之書，亦以廣收博覽為好。通過目錄之書，瞭解書籍源流、內容大旨，先橫通，後縱通，融會貫通，左右逢源，最後才有可能在某一學科領域有所建樹。

金石之屬我們放在《國故新土》講述，下面僅談經籍之屬。

《崇文總目》十二卷　宋王堯臣等奉敕撰。原書已散軼，此為從《永樂大

典》中所輯。《四庫提要》稱：「數千年著作之目，總匯於斯，百世而下，藉以驗存佚、辨真贗、核同異，故不失為冊府之驪淵、藝林之玉圃也。」

《郡齋讀書志》四卷　宋晁公武撰。此書有袁本、衢本兩個版本系統，衢本分析至二十卷，增加書目甚多。趙希弁認為衢本是晁公武晚年續袞之書，而非所得井憲孟舊藏，因別摘出為《後志》二卷。又以袁、衢二本異同，別為《考異》一卷附之編末。

《直齋書錄解題》二十二卷　宋陳振孫撰。振孫字伯玉，號直齋，安吉人。其例以歷代典籍分為五十三類，各詳其卷帙多少，撰人名氏，而品題其得失，故曰「解題」。雖不標經、史、子、集之目，而覈其所列，經類凡十，史類凡十六，子類凡二十，集類凡七。《四庫提要》稱：「古書之不傳於今者，得藉是以求其崖略，其傳於今者，得籍是以辨其真偽，覈其異同，亦考證之所必資，不可廢也。」

《千頃堂書目》三十二卷　清黃虞稷撰。虞稷字俞邰，先世泉州人。所錄皆明代之書。經部分十一門，史部分十八門，子部分十二門，集部分八門。《四庫提要》稱其賅贍。

《經義考》三百卷　清朱彝尊撰。彝尊字錫鬯，號竹垞，秀水人。是編分例曰存、曰闕、曰佚、曰未見。凡御注敕撰一卷，《易》七十卷，《書》二十六卷，《詩》二十二卷，《周禮》十卷，《儀禮》八卷，《禮記》二十五卷，通禮四卷，樂一卷，《春秋》四十三卷，《論語》十一卷，《孝經》九卷，《孟子》六卷，《爾雅》二卷，群經十三卷，四書八卷，逸經三卷，毖緯五卷，擬經十三卷，承師五卷，宣講、立學共一卷，刊石五卷，書壁、鏤版、著錄各一卷，通說四卷，家學、自述各一卷。其中宣講、立學、家學、自述四類有錄無書。每一書前列編撰者姓名、書名、卷數，卷數有異同，則注明某書作幾卷。次列「存」、「佚」、「闕」、「未見」字樣。次列原書序跋、諸儒論說及有關作者生平材料。凡有所考正者，附列案語於末。《四庫提要》稱：「序跋諸篇與本書無所發明者，連篇備錄，未免少冗。彝尊是書乃以專說一篇者附錄全經之末，遂令時代參錯，於例亦為未善。然上下二千年間，元元本本，使傳經原委一一可稽，亦可以云詳贍矣。」翁方綱在《蘇齋筆記》中指出：「《經義考》於每書之序多刪去其歲月，觀者何而考其師承之緒及其先後之跡乎？又所載每書考辯論說皆渾稱為某人曰，不注其出於某書、某注、某集，則其言之指歸無由見，而於學人參稽互證之處亦無所裨助。」王承略教授也指出：「每經往往一貫到底，缺

乏必要的分類；有些重要的著作仍有失載；原書序跋漏收尚多；而對一典籍缺、佚、未見的論斷亦往往不確。」〔註5〕這些致命的弱點無疑大大降低了它的學術價值，也影響了它作為工具書的使用效率。一般論者以為《經義考》「集經學目錄之大成」，不免推之過高。筆者發現，號稱「博大之宗」的朱彝尊居然對理學文獻相當陌生，他對程朱理學的基本文獻與基本觀點不太熟悉，結果往往將後來者抄襲程朱的觀點作為創新點予以著錄。筆者撰有《經義考通說探源》。

《小學考》五十卷　清謝啟昆編，所錄全文小學類書籍，共分五類：敕撰、訓詁、文字、聲韻、音義。體例仿朱氏《經義考》，每一書首列編撰者姓名、書名、卷數，卷數有異同者則注明之；次列「存」、「佚」、「闕」、「未見」字樣；次列原書序跋、諸家論說；凡史傳、筆記、方志有關於作者生平材料編輯錄於後；凡有所考正者，亦附列案語於末。因《經義考》已著錄《爾雅》，故此書未錄。

《四庫全書總目》二百卷　清高宗欽定。此書按經、史、子、集四部分類，每部之下又分小類，共計四十四類，某些小類下又有子目。每部之前均有總敘，每類之前又有類序，子目後或有按語。每類書籍又分著錄、存目兩類，著錄之書抄入《四庫全書》之中，存目之書則未收入《四庫全書》中。共著錄3400餘種，存目6790餘種。每則提要主要介紹此書卷數、作者、內容、體例、版本等，或有考證之語，最後評價此書之得失。張之洞《輶軒語・語學》云：「今為諸生指一良師，將《四庫全書總目提要》讀一過，即略知學問門徑矣。」又曰：「析而言之，《四庫提要》為讀群書之門徑。」筆者撰《四庫全書總目研究》（社會學文獻出版社，2004年版）。

《書目答問》五卷　清張之洞撰。此書為便初學者尋書而作，收錄書籍兩千餘部，仿《四庫全書總目》之例，分經、史、子、集四部，僅著錄書名、作者、版本等。又附「叢書目」、「別錄目」、「清朝著述諸家姓名略總目」三種。來新夏等撰《書目答問匯補》（中華書局，2014年版）。

《雅學考》一卷　清胡元玉撰，共著錄二十二種，均有按語，分類考訂了自宋以來的《爾雅》類著作。

《許學考》二十六卷　黎經誥編，為續《小學考》而作，收與《說文》有關書籍240餘部。

〔註5〕董治安主編：《經部要籍概述》，江蘇教育出版社，2008年版，第240頁。

此外，還有各種史志目錄和種類繁多的私家目錄，如《漢書·藝文志》、《隋書·經籍志》、《明史·藝文志》、《販書偶記》等，不一一介紹。

第三節　政書類

一、通制

《四庫全書總目》卷八十一「政書類通制之屬案」云：「纂述掌故，門目多端，其間以一代之書而兼六職之全者，不可分屬，今總而匯之，謂之通制。」通制之屬四庫著錄十九部，大致可分為三個系列：

第一，「九通」系列。此類有七種：《通典》、《文獻通考》、《欽定續文獻通考》、《欽定皇朝文獻通考》、《欽定續通典》、《欽定皇朝通典》、《欽定皇朝通志》，若加上《通志》、《欽定續通志》則為「九通」。《四庫全書總目》將《通志》、《欽定續通志》均列入別史類，以兼有紀傳之故。或云：「不讀三通，不得為通人。」若要成為通人，少不了要翻閱此類書籍。

第二，「會要」系列。主要有：《唐會要》、《五代會要》、《西漢會要》、《東漢會要》、《明會典》、《七國考》、《欽定大清會典》、《欽定大清會典則例》等。會要體著作，大體上分立門類，紀載時政，記一代典章制度、文物、故事之書。編類為書，可以垂法後世。

第三，斷代系列。主要有《宋朝事實》、《建炎以來朝野雜記》、《漢制考》、《元朝典故編年考》。

《通典》二百卷　唐杜佑撰。佑字君卿，京兆萬年（今陝西西安）人。分為八部分：食貨、選舉、職官、禮、樂、兵刑、州郡、邊防。每門又各分子目。自序謂：「既富而教，故先食貨。行教化在設官，任官在審才，審才在精選舉，故選舉職官次焉。人才得而治以理，乃興禮樂，故次禮、次樂。教化隳則用刑罰，故次兵、次刑。設州郡分領，故次州郡，而終之以邊防。」所載上溯黃、虞，訖於唐之天寶。肅、代以後，間有沿革，亦附載注中。《四庫提要》云：「其博取《五經》、群史及漢魏六朝人文集、奏疏之有裨得失者，每事以類相從，凡歷代沿革，悉為記載，詳而不煩，簡而有要，元元本本，皆為有用之實學，非徒資記問者可比。考唐以前之掌故者，茲編其淵海矣。」關於此書的價值，王樹民云：「其書的主要價值在編排組織完善，使分見於編年和紀傳等各種體裁形式下的史料，尤其關於典章制度、社會經濟發展等重要史實，在以類

相從的新形式下重新予以適當的組織，令人容易得到完整而有系統的概念，這是唐以前各種體裁的史書都不能達到的。」〔註6〕

《通志》二百卷　宋鄭樵撰。樵字漁仲，莆田人。此書為紀傳體通史。共有本紀十八卷、世家三卷、列傳一百一十五卷、載記八卷、略五十二卷，尤以《二十略》最為重要，記載了各類典制，包括《民族略》、《六書略》、《七音略》、《天文略》、《地理略》、《都邑略》、《禮略》、《諡略》、《器服略》、《樂略》、《職官略》、《選舉略》、《刑法略》、《食貨略》、《藝文略》、《校讎略》、《圖譜略》、《金石略》、《災祥略》、《昆蟲草木略》。

《文獻通考》三百四十八卷　元馬端臨撰。端臨字貴與，江西樂平人。是書凡《田賦考》七卷、《錢幣考》二卷、《戶口考》二卷、《職役考》二卷、《征榷考》六卷、《市糴考》二卷、《土貢考》一卷、《國用考》五卷、《選舉考》十二卷、《學校考》七卷、《職官考》二十一卷、《郊社考》二十三卷、《宗廟考》十五卷、《王禮考》二十二卷、《樂考》二十一卷、《兵考》十三卷、《刑考》十二卷、《經籍考》七十六卷、《帝系考》十卷、《封建考》十八卷、《象緯考》十七卷、《物異考》二十卷、《輿地考》九卷、《四裔考》二十五卷。《四庫提要》稱「其條分縷析，使稽古者可以案類而考。又其所載宋制最詳，多《宋史》各志所未備。案語亦多能貫穿古今，折衷至當。雖稍遜《通典》之簡嚴，而詳贍實為過之，非鄭樵《通志》所及也。」

《續通典》一百五十卷　清嵇璜、劉墉奉敕編撰。體例與《通典》同。詳載唐朝至明朝之間的典制源流、政治得失，尤以明代史料為最多。

《唐會要》一百卷　宋王溥撰。體例與《通典》相近，內容可分為13類：帝系、禮、宮殿、輿服、樂、學校、刑、曆象、封建、佛道、官職、食貨、四裔，共分514細目，記載了唐代典章制度的沿革變遷。

《五代會要》三十卷　宋王溥撰。此書共分279細目；為作者根據五代歷朝實錄，參以舊史而成，在會要類典籍中價值最高。

《西漢會要》七十卷　宋徐天麟撰。共分15門：帝系、禮、樂、輿服、學校、運曆、祥異、職官、選舉、民政、食貨、兵、刑、方域、蕃夷。又細分為367細目。此書僅取《史記》、《漢書》所載西漢典章制度而加以編撰。

《東漢會要》四十卷　宋徐天麟撰。亦分15門：帝系、禮、樂、輿服、文學、曆數、封建、職官、選舉、民政、食貨、兵、刑、方域、蕃夷。又細分

〔註6〕王樹民：《史部要籍解題》，中華書局，1981年版，第201頁。

為 384 細目。此書以所採以《後漢書》為主，兼及《續漢書》、《東觀漢紀》、《漢官儀》、《漢舊儀》等。

二、典禮

四庫著錄二十四部，主要有：《漢官舊儀》、《大唐開元禮》、《諡法》、《政和五禮新儀》、《紹熙州縣釋奠儀圖》、《大金集禮》、《大金德運圖說》、《廟學典禮》、《明集禮》、《頖官禮樂疏》、《明臣諡彙考》、《明諡紀彙編》、《明宮史》、《幸魯盛典》、《萬壽盛典》、《欽定大清通禮》、《欽定皇朝禮器圖式》、《南巡盛典》、《歷代建元考》、《廟制圖考》等書。凡禮制、諡法、盛典、廟制、禮器等皆入此類。這些資料對於中國禮制史的研究頗有裨益。

《國朝宮史》三十六卷　乾隆七年（1742）奉敕撰。共分六類：一是訓諭，載列朝聖訓、皇上諭旨；二是典禮，著內廷儀節、規制、冠服、輿衛之度；三是宮殿，按次方位，詳列規模；四是經費，凡獻賚、禮宴、服食、器用之數，纖悉必載；五是官制，載內臣員品及其職掌；六是書籍，編書目，撰提要。

三、邦計

《四庫全書總目》卷八十二「政書類邦計之屬案」云：「古者司徒兼教養，後世則惟司錢穀度支，所掌條目浩繁，然大抵邦計類也。故今統以邦計為目，不復一一區別。」四庫僅著錄六部：《救荒活民書》、《熬波圖》、《錢邇》、《捕蝗考》、《荒政叢書》、《欽定康濟錄》。這些資料對於中國災荒史的研究頗有裨益。《熬波圖》今入工藝類，《捕蝗考》今入農家類，可參見有關部分。

四、軍政

四庫僅著錄四部：《歷代兵制》、《補漢兵志》、《馬政紀》、《八旗通志》。《四庫全書總目》解釋說：「軍伍戰陣之事，備於子部兵家。此所錄者養兵之制，非用兵之制也，故所取不過數家。」

五、法令

四庫僅著錄二部：《唐律疏義》、《大清律例》。《四庫全書總目》解釋說：「法令與法家其事相近，而實不同，法家者私議其理，法令者官著為令者也。刑為盛世所不能廢，而亦盛世所不尚。茲所錄者，略存梗概而已，不求備

也。」法令是朝廷頒布的法律條文。

《唐律疏義》三十卷　唐長孫無忌等奉敕撰。此書首為《進律表書》。全書分十二篇，內容依次為：名例、衛禁、職制、戶婚、廄庫、擅興、賊盜、鬥訟、詐偽、雜律、捕亡、斷獄；共五百條律文，每律文下均有疏，引律、令、格、式等文獻解釋律文，或以問答形式作為範例。《四庫提要》稱：「上稽歷代之制，其節目備具，足以沿波而討源者，要惟《唐律》為最善。」

《大明律》三十卷　明洪武間奉敕撰。按六部分為名例律、吏律、戶律、禮律、兵律、刑律、工律七類，共三十篇四百六十條。後附例。

《大清律例》四十七卷　明乾隆間奉敕撰。此書綜合《大明律》及滿律而成。

第四節　職官類

職官類分為官制、官箴二小類。

一、官制

四庫著錄十五部：《唐六典》、《翰林志》、《麟臺〔註7〕故事》、《翰苑〔註8〕群書》、《南宋館閣〔註9〕錄》、《玉堂〔註10〕雜記》、《宋宰輔〔註11〕編年錄》、《秘書監志》、《翰林記》、《禮部〔註12〕志稿》、《太常〔註13〕續考》、《土官底簿》、《詞林〔註14〕典故》、《欽定國子監志》、《欽定歷代職官表》。官制，即設官的制度。董仲舒《春秋繁露·官制象天》云：「吾聞聖王所取儀，金天之太

〔註 7〕麟臺，唐代官署名。唐武后改秘書省為「麟臺」。

〔註 8〕翰苑，翰林院的別稱。

〔註 9〕北宋有昭文館、史館、集賢院三館和秘閣、龍圖閣等閣，分掌圖書經籍和編修國史等事務，通稱「館閣」。明代將其職掌移歸翰林院，故翰林院亦稱「館閣」。清代沿之。

〔註10〕玉堂，官署名。漢侍中有玉堂署，宋以後翰林院亦稱玉堂。

〔註11〕宰輔，輔政的大臣。一般指宰相。

〔註12〕禮部，官署名。本為西漢時尚書的客曹。三國魏時有祠部，北魏有儀曹，北周始稱禮部。隋、唐以後為六部之一，包括客曹及祠部之職掌，管理國家的典章制度、祭祀、學校、科舉和接待四方賓客等事之政令，長官為禮部尚書。歷代相沿不改。清末廢部，改設典禮院。

〔註13〕太常，官名。秦置奉常，漢景帝六年更名太常，掌宗廟禮儀，兼掌選試博士。歷代因之，則為專掌祭祀禮樂之官。北魏稱太常卿，北齊稱太常寺卿，北周稱大宗伯，隋至清皆稱太常寺卿。

〔註14〕詞林，翰林或翰林院的別稱。

經，三起而成，四轉而終。官制亦然者，此其儀與三人而為一選，儀於三月而為一時也，四選而止，儀於四時而終也。」《四庫全書總目·職官類序》云：「著述之家，或通是學而無所用，習者少則傳者亦稀焉。」此類極具史料價值，是研究中國職官史的好材料。此外，翻閱此類書籍，可以練習典故，積累知識。

《唐六典》三十卷　舊題唐玄宗撰，實為陸堅、張說、張九齡等撰，李林甫修訂注釋。其書以三師、三公、三省、九寺、五監、十二衛列其職司官佐，敘其品秩，以擬《周禮》，詳記唐代之官制，為現存最古的國家行政組織法規專著。

《欽定歷代職官表》七十二卷　清紀昀奉敕撰。此書共 67 表，以清代官職為綱，比照歷代職官，以溯其沿革。表後有清朝官制和歷代建制兩類。此書取材於諸史職官志、《通典》、《文獻通考》、《清會典》等，材料豐富。

《歷代職官表》六卷　清黃本驥編。此書據欽定本刪定，僅存諸表和清代官職，刪去考證。使用較為方便。

二、官箴

四庫僅著錄六部：《州縣提綱》、《官箴》、《百官箴》、《晝簾緒論》、《三事忠告》、《御製人臣儆心錄》。官箴，多為儆戒訓誥之詞，即做官的戒規。原指百官對帝王進行勸誡，亦指帝王對百官進行誥誡。

《州縣提綱》四卷　不著撰人名氏。其書論州縣蒞民之方，極為詳備。首卷「推本正己省身」等數十事，其細目為：潔己，平心，專勤，奉職循理，節用養廉，勿求虛譽，防吏弄權，同僚貴和，防閒子弟，嚴內外之禁，防私覿之欺，戒親戚販鬻，責吏須自反，燕會宜簡，吏言勿信，時加警察，晨起貴早，事無積滯，情勿壅蔽，四不宜帶，三不行刑，俸給无妄請，防市買之欺，怒不可遷，盛怒必忍，疑事貴思，勿聽私語，勿差人索迓。《四庫提要》許為「司牧之指南」，又曰：「雖古今事勢未必盡同，然於防奸釐弊之道，抉摘最明。」

第五節　類書類

《四庫全書總目·類書類序》云：

類事之書，兼收四部，而非經、非史、非子、非集。四部之內，乃無類可歸。《皇覽》始於魏文，晉荀勗《中經部》分隸何門，今無

所考。《隋志》載入子部，當有所受之。歷代相承，莫之或易。明胡應麟作《筆叢》，始議改入集部。然無所取義，徒事紛更，則不如仍舊貫矣。

此體一興，而操觚者易於檢尋，注書者利於剽竊，轉輾稗販，實學頗荒。然古籍散亡，十不存一，遺文舊事，往往託以得存。《藝文類聚》、《初學記》、《太平御覽》諸編，殘璣斷璧，至掇拾不窮，要不可謂之無補也。其專考一事，如《同姓名錄》之類者，別無可附，舊皆入之類書，亦今仍其例。

類書，輯錄各門類或某一門類的資料，並依內容或字、韻分門別類編排供尋檢、徵引的工具書。以門類分的類書有二：兼收各類的，如《藝文類聚》、《太平御覽》、《玉海》、《淵鑒類函》等；專收一類的如《小名錄》、《職官分記》等。以字分的類書，亦有二：齊句尾之字，如《韻海鏡源》、《佩文韻府》等；齊句首之字，如《駢字類編》。

類書類著錄六十四部，著名的類書有：《藝文類聚》、《北堂書鈔》、《初學記》、《太平御覽》、《冊府元龜》、《永樂大典》、《古今圖書集成》。其中《永樂大典》為中國古代最大的類書。

《藝文類聚》一百卷　唐歐陽詢撰。詢字信本，湖南臨湘人。自序稱：「是書比類相從，事居於前，文列於後，俾覽者易為功，作者資其用。」於諸類書中體例最善。共分天、歲時、地、州、郡、山、水、符命、帝王、后妃、儲宮、人、禮、樂、職官、封爵、治政、刑法、雜文、武、軍器、居處、產業、衣冠、儀飾、服飾、舟車、食物、雜器物、巧藝、方術、內典、靈異、火、藥香草、草、寶玉、百穀、布帛、果、木、鳥、獸、麟介、祥瑞、災異等 46 類，子目共 727。此書所引古籍多達 1431 種，其中十之九今已失傳。故本書可供輯佚、校勘之用。

《北堂書鈔》一百六十卷　唐虞世南撰。世南字伯施，浙江餘姚人。北堂者，秘書省之後堂。此書蓋世南在隋為秘書郎時所作。全書共分帝王、后妃、政術、刑法、封爵、設官、禮儀、藝文、樂、武功、衣冠、儀飾、服飾、舟、車、酒食、天、歲時、地等 19 部，部下又分若干類，共 851 類。每條均摘錄詞句作標目，後徵引包含此詞的文句。

《初學記》三十卷　唐徐堅等奉敕撰。其書分 23 部，313 子目，大致與諸類書相同。其例前為敘事，次為事對（選錄對句），末為詩文。其敘事雖雜

取群書，而次第若相連屬，與他類書獨殊。《四庫提要》稱：「其所採摭皆隋以前古書，而去取謹嚴，多可應用。在唐人類書中，博不及《藝文類聚》，而精則勝之。」

《太平御覽》一千卷　宋李昉等奉敕撰。共分 55 部、5363 類，徵引至為浩博，多可考見宋以前散軼典籍佚文。《四庫提要》稱：「宋初去古未遠，即所採類書，亦皆具有淵源，與後來餖飣者迥別。故雖蠹蝕斷爛之餘，尚可據為出典。」日本東福寺藏宋刊本《太平御覽》一千卷，被確認為「日本國寶」。此書有《四部叢刊三編》本，據宋本及日本聚珍本影印。是書自明清以來倍受學人推崇。胡應麟《少室山房集》卷一百四《讀太平御覽三書》云：「宋初輯三大類書，《御覽》之龐賾，《英華》之蕪冗，《廣記》之怪誕，皆藝林所厭薄，而不知其功於載籍者不眇也。非《御覽》，西京以迄六代諸史乘煨燼矣；非《英華》，典午以迄三唐諸文賦煙埃矣；非《廣記》，汲冢以迄五朝諸小說烏有矣。余每薄太宗之涼德，至讀三書，則斧聲燭影之疑，輒姑舉而置之，迺《廣記》之臚列詳明，紀例精密，灼然必傳。」錢大昕《潛研堂文集》卷三十《跋太平御覽》亦云：「《太平御覽》一千卷……自古類事之書，未有富贍如此者也。其皇王、篇霸二部，進曹魏而退蜀、吳，尊拓拔而黜江左，正宇文而閏高齊，未免偏私而不得其平。五代十國並不預偏霸之列，職官則翰林學士、節度、觀察諸使並闕焉，詳於遠而略於近，皆體例之可議者也。」〔註15〕

《冊府元龜》一千卷　宋王欽若、楊億等奉敕撰。其書分 31 部，部有總序，子目 1104，各有小序，皆李維等人撰。此書只取經史、諸子，不錄小說。北宋刊本《冊府元龜》殘本四百七十八卷，現藏於日本靜嘉堂文庫。周勳初等人最近將《冊府元龜》整理成新式標點本（江蘇鳳凰出版社，2007 年版）。

《永樂大典》二萬二千八百七十七卷　明解縉等奉敕撰。此書以《洪武正韻》為綱。《四庫提要》稱：「其書割裂龐雜，漫無條理。或以一字一句分韻；或析取一篇，以篇名分韻；或全錄一書，以書名分韻。與卷首凡例多不相應，殊乖編纂之體。」清修《四庫全書》時，從中裒輯成編者，凡經部 66 種、史部 41 種、子部 103 種、集部 175 種〔註16〕。1960 年中華書局把當時收集到的國內外所有藏本及複製本共七百三十卷影印出版，1986 年再次推出《永樂大

〔註15〕錢大昕：《嘉定錢大昕全集》，江蘇古籍出版社，1997 年版，第玖冊，第 507 頁。
〔註16〕有關《永樂大典》的輯佚數量，詳見拙著《四庫全書總目研究》，第 377～391 頁。

典》影印本。

　　《古今圖書集成》一萬卷，目錄四十卷　清陳夢雷、蔣廷錫等奉敕纂。共分六彙編、三十二典：曆象彙編（乾象、歲功、曆法、庶徵四典）、方輿彙編（坤輿、職方、山川、邊裔四典）、明倫彙編（皇極、宮闈、官常、家範、交誼、氏族、人事、閨媛八典）、博物彙編（藝術、神異、禽蟲、草木四典）、理學彙編（經籍、學行、文學、字學四典）、經濟彙編（選舉、銓衡、食貨、禮儀、樂律、戎政、祥刑、考工八典）。每典之內又分若干部，共計 6117 部。每部先列匯考，此列總論、圖標、列傳、藝文等項。此書保存明代史料尤多。

第六節　叢書類

　　《四庫全書總目》卷一百二十三「雜家類雜編之屬案」云：「合刻諸書，不名一體者，謂之雜編。」又云：「古無以數人之書合為一編而別題以總名者。惟《隋志》載地理書一百四十九卷、錄一卷，注曰：『陸澄合《山海經》以來一百六十家以為此書。澄本之外，其舊書並多零失，見存別部自行者惟四十二家。』又載地記二百五十二卷，注曰：『梁任昉增陸澄之書八十四家以為此記。其所增舊書亦多零失，見存別部行者惟十二家，是為叢書之祖。』然猶一家言也。左圭《百川學海》出，始兼裒諸家雜記。至明而卷帙益繁。《明史‧藝文志》無類可歸，附之類書，究非其宜。當入之雜家，於義為允。今雖離析其書，各著於錄，而附存其目。以不沒搜輯之功者，悉別為一門，謂之雜編。其一人之書，合為總帙。而不可名以一類者，既無所附麗，亦列之此門。」雜編即叢書。

　　《四庫全書總目》著錄《儼山外集》、《少室山房筆叢》、《鈍吟雜錄》三種，將《兩京遺編》、《天學初函》、《夷門廣牘》、《格致叢書》、《眉公十集》、《津逮秘書》、《學海類篇》、《楊園全書》、《張考夫遺書》、《昭代叢書》、《丹麓雜著十種》、《檀几叢書》、《秘書廿一種》等列入存目。

　　《中國叢書綜錄》將叢書類分為彙編、類編兩大類，每類下又分為若干小類。擇要介紹如下。

一、彙編

（一）雜編

　　《說郛》一百二十卷　元陶宗儀編。宗儀是書，實仿曾慥《類說》之例，

每書略存大概，不必求全。亦有原本久亡，而從類書之中抄合其文，以備一種者。故其體例與左圭《百川學海》迥殊。後人見其目錄所列數盈千百，遂妄意求其全帙，當必積案盈箱。不知按籍而求，多歷代史志所不載，宗儀又何自得之乎？《四庫提要》許為「考證之淵海」。昌彼得撰《說郛考》，全書分上下兩篇，上篇為源流考，下篇為書目考。上篇證明了通行的重編本《說郛》出於偽託。下篇為百卷本的七百二十五種書作了提要，其中有許多種是《四庫全書》未收或收而提要考訂未詳的。〔註17〕

《格致叢書》　明胡文煥編。《四庫提要》稱：「是編為萬曆天啟間坊賈射利之本。雜採諸書，更易名目，古書一經其點竄，並庸惡陋劣，使人厭觀，且所列諸書亦無定數，隨印數十種，即隨刻一目錄，意在變幻，以新耳目，冀其多售，故世間所行之本，部部各殊，究不知其全書凡幾種。」《易牙遺意》提要亦云：「周氏《夷門廣牘》、胡氏《格致叢書》、曹氏《學海類編》，所載古書十有九偽，大抵不足據也。」

《津逮秘書》　明毛晉編。此為所纂叢書，分十五集，凡一百三十九種，其中《金石錄》、《墨池篇》有錄無書，實一百三十七種。卷首有胡震亨序。震亨初刻所藏古笈為《秘冊函》，未成而毀於火，因以殘板歸毛晉，毛晉遂增廣為此編，較他家叢書去取頗有條理。而所收偽書，如《詩傳》、《詩說》、《歲華紀麗》、《琅嬛記》、《漢雜事秘辛》之類，尚有數種。

《學海類篇》　舊本題清曹溶編。此編裒輯唐、宋以至清初諸書零篇散帙，統為正續二集，各分經翼、史參、子類、集餘四類。《四庫提要》認為：「為書四百二十二種，而真本僅十之一，偽本乃十之九，或改頭換面，別立書名，或移甲為乙，偽題作者，顛倒謬妄，不可殫述。」疑為無賴書賈以曹溶家富圖籍而託名。

《昭代叢書》一百五十卷　清張潮編。是編凡甲乙丙三集，每集各五十卷，每卷為書一種，皆清初人雜著。或從文集中摘錄一篇，或從全書中割取數頁，亦有偶書數紙，並非著述，而亦強以書名者。中亦時有竄改，猶是明季書賈改頭換面之積習，不足採也。

《檀几叢書》五十卷　清王晫、張潮同編。是書所錄皆清朝諸家雜著，凡五十種，大半採自文集中，其餘則多沿明季山人才子之習，務為纖佻之詞。

《秘書廿一種》　清汪士漢編。二十一種者，其中《三墳》為宋人偽書，

〔註17〕程毅中：《古籍整理淺談》，北京燕山出版社，2001年版，第188～198頁。

《楚史檮杌》、《晉史乘》為元人偽書，《劍俠傳》、《竹書紀年》為明人偽書，《續博物志》雖不偽，而以南宋人為晉人，亦為疏舛。

《四庫全書》　清高宗欽定。當時繕寫七部，分藏於北京文淵閣（現藏臺灣故宮博物院）、圓明園文源閣（為英法聯軍焚毀）、熱河文津閣（現藏國家圖書館）、奉天文溯閣（現藏甘肅省圖書館）、揚州文匯閣（毀於太平天國戰火）、鎮江文宗閣（毀於太平天國戰火）、杭州文瀾閣（太平天國戰爭時期毀了四分之三，後抄配補全，現藏浙江圖書館）。此為古代最大的叢書，有關情況詳見拙撰《四庫全書與中國文化》一書。

《宛委別藏》　清阮元編。阮元搜集《四庫全書》未收遺書 160 種繕寫進呈。

《古逸叢書》　清黎庶昌、楊守敬編。收善本 26 種，光緒十年（1884）刻成。

《續古逸叢書》　張元濟編。收罕見珍本 47 種，商務印書館，1919～1949年影印出版。

《四部叢刊》　張元濟編。初編收書 350 種，續編收書 81 種，三編收書 73 種，共 504 種。商務印書館，1919～1936 年影印，上海書店，1984 年改版影印。

《叢書集成初編》　王雲五主編。商務印書館，1935～1937 年影印。中華書局，1985～1991 年重印。收書 4107 種。

《中華再造善本》　國家圖書館出版社，2002 年起出版。依照原書版式影印，計劃收書 1300 餘種。分為五編：《唐宋編》、《金元編》、《明代編》、《清代編》及《少數民族文字文獻編》。

（二）輯佚

《經典集林》　清洪頤煊編。

《二酉堂叢書》　清張澍編。

《玉函山房輯佚書》　清馬國翰編。

《玉函山房輯佚書續編》　清王仁俊編。

《玉函山房輯佚書補編》　清王仁俊編。

《經籍佚文》　清王仁俊編。

《漢學堂叢書》　清黃奭編。

《輯佚叢刊》　陳棟編。

（三）郡邑

《畿輔叢書》　清王灝編。

《遼海叢書》　金毓黻編。

《金華叢書》　清胡鳳丹編。

《永嘉叢書》　清孫衣言編。

（四）氏族

《二程全書》六十八卷　宋朱熹編。

《高郵王氏遺書》　羅振玉編。

（五）獨撰

《周子全書》七卷　宋周敦頤撰。四庫本《周元公集》卷首提要稱：「敦頤作《太極圖》，究萬物之終始，作《通書》，明孔孟之本源，有功於學者甚大。而其他詩文，亦多精粹深密，有光風霽月之概。《朱子語類》謂：『濂溪在當時人見其政事精絕，則以為宦業過人；見其有山林之志，則以為襟袖灑落，有仙風道氣。』又謂：『濂溪清和，孔毅甫祭文稱公年壯盛，玉色金聲，從容和毅，一府皆傾，其氣象可想。』觀此言足以知其著作矣。」

《張子全書》十五卷　宋張載撰。此本不知何人所編。題曰「全書」，而止有《西銘》一卷、《正蒙》二卷、《經學理窟》五卷、《易說》三卷、《語錄抄》一卷、《文集抄》一卷，又《拾遺》一卷，又採宋元諸儒所論及行狀等作為附錄一卷，共十五卷。《四庫提要》稱：「張子之學，主於深思自得，本不以著作繁富為長。」

《御纂朱子全書》六十六卷　宋朱熹撰。康熙五十二年聖祖仁皇帝御定。康熙帝表章朱子之學，特詔李光地等汰其榛蕪，存其精粹，以類排比，分為十有九門。

《王文成全書》三十八　明王守仁撰。其書首編為《傳習錄》，附以《朱子晚年定論》。次文錄五卷，皆雜文。別錄十卷，為奏疏、公移之類。外集七卷，為詩及雜文。續編六卷，則文錄所遺搜輯續刊者，皆守仁歿后德洪所編輯。

《少室山房筆叢》正集三十二卷、續集十六卷　明胡應麟撰。應麟字元瑞，浙江蘭溪人。此其生平考據雜說。分正、續二集，為書十二種：曰《經籍會通》四卷，論古來藏書存亡聚散之跡；曰《史書占畢》六卷，皆論史事；曰《九流緒論》三卷，論子部諸家得失；曰《四部正訛》三卷，考證古來偽書；曰《三墳補遺》二卷，專論《竹書紀年》、《逸周書》、《穆天子傳》三種，以補

《三墳》之闕；曰《二酉綴遺》三卷，皆採摭小說家言；曰《華陽博議》二卷，雜述古來博聞強記之事；曰《莊嶽委譚》二卷，正俗說之附會；曰《玉壺遐覽》四卷，皆論道書；曰《雙樹幻抄》三卷，皆論內典；曰《丹鉛新錄》八卷，曰《藝林學山》八卷，則專駁楊慎而作。《四庫提要》稱：「徵引典籍，極為宏富，頗以辨駁自矜，而舛訛處多不能免。蓋捃摭既博，又復不自檢點。牴牾橫生，勢固有所不免。然明自萬曆以後，心學橫流，儒風大壞，不復以稽古為事。應麟獨研索舊文，參校疑義，以成是編。雖利鈍互陳，而可資考證者亦不少。」

《眉公十集》四卷　明陳繼儒撰。是書名為十集，實十一種：曰《讀書鏡》，曰《狂夫之言》，曰《續狂夫之言》，曰《安得長者言》，曰《筆記》，曰《書蕉》，曰《香案牘》，曰《讀書十六觀》，曰《群碎錄》，曰《岩棲幽事》，曰《槐談》。

《楊園全書》三十四卷　清張履祥撰。凡十二種。《四庫提要》稱：「履祥初講戢山慎獨之學，晚乃專意於程朱，立身端直，鄉黨稱之。其書多儒家之言，而《近古錄》、《見聞錄》等率傳記之流，《農書》又農家之流，言非一致，難以概目曰儒家，故著錄於雜家類焉。」

《鈍吟雜錄》十卷　清馮班撰。班字定遠，號鈍吟居士，江蘇常熟人。《家誡》多涉歷世故之言。《正俗》皆論詩法。《讀古淺說》多評詩文。《日記》多說筆法、字學。《嚴氏糾謬》辨嚴羽《滄浪詩話》之非。《誡子帖》多評古帖，論筆法。《遺言》、《將死之鳴》皆與《家誡》相出入。書中關於讀書方法頗有獨到之見，如《家誡》云：「讀書有一法，覺有不合意處，且放過去，到他時或有悟入，不可便說他不是。」又云：「讀古人之書，不師其善言，好求詭異以勝古人者，愚之首也。」又云：「讀書須求古本，近時所刻多不可讀。」《四庫提要》云：「班學有本源，論事多達物情，論文皆究古法。雖間有遍駁，要所得者為多也。」

《船山全書》　清王夫之撰。凡 16 冊。嶽麓書社版。

《章太炎全集》　章太炎撰。上海人民出版社，1982 年起出版。計劃出 12 冊。

《黃季剛先生遺書》　黃侃撰。臺灣石門圖書公司影印出版。凡 14 冊。多為批點古人著作，並非個人著述。黃侃主張「五十歲以前不著書」。此說既誤己，又誤人。著書因人而異，豈能一刀切？

《王觀堂先生全集》　王國維撰。臺北市文華出版公司影印出版。收書

50 種。

《推十書》　劉咸炘撰。咸炘字鑒泉，四川雙流人。享年 36 歲，著書 235 部，被譽為天才學者。

二、類編

（一）經類

《通志堂經解》一千八百卷　舊本題納蘭性德編。收錄先秦、唐、宋、元、明經解 138 種，以及納蘭自撰 2 種，共 140 種。乾隆諭旨稱其「薈萃諸家，典贍眩博，實足以表彰六經」。

《皇清經解》和《續皇清經解》　前書一千四百卷，清阮元編。收清初至嘉道間的 73 位學者的經書注解著作共 183 種。後書一千四百三十卷，清王先謙編。補元書所遺漏以及後出諸書共 209 種。兩書共同收錄《周易》著作計 38 種；《尚書》著作 33 種、《大傳》1 種、《逸周書》2 種，計 36 種；《詩經》著作 36 種；《三禮》著作 67 種、三禮總義、《大戴禮》、《白虎通》共 21 種，計 88 種；《春秋》著作 12 種、《左傳》23 種、《公羊》15 種、《穀梁》6 種，計 56 種；《論語》著作 16 種、《孟子》6 種、《孝經》及四書總義 13 種，計 35 種。此外，還有語言學類、名物考釋類、天文地理類著作，以及一些學者的文集筆記等。

《古經解匯函》　清錢謙鈞等編。

《樂律全書》四十二卷　明朱載堉撰。載堉究心律數，積畢生之力以成是書。卷帙頗為浩博，而大旨則盡於《律呂精義》一書。

《四書大全》　明胡廣等奉敕撰。

《古微書》三十六卷　明孫瑴編。所採凡《尚書》十一種、《春秋》十六種、《易》八種、《禮》三種、《樂》三種、《詩》三種、《論語》四種、《孝經》九種、《河圖》十種、《洛書》五種。

（二）史類

《百衲本二十四史》　張元濟編。1930～1937 年商務印書館影印善本。

（三）子類

《諸子集成》　凡 8 冊。1935 年世界書局排印本。此書收先秦至南北朝重要子書 26 家 28 種，多採用清人精校詳注本。

《新編諸子集成》　凡 60 冊，由中華書局出版發行。對子部代表性古籍的整理彙報，大多出自清儒（如劉寶楠、焦循）與現代學者（郭沫若、王利器、

楊伯峻等）之手，比較精緻，可謂「中華元典、子部精華、名家校注、國人必讀」，初學者研習子書可以選擇此套叢書。

（四）集類

《彊村叢書》　朱祖謀編。

《六十種曲》　明毛晉編。

第七節　傳記類

《四庫全書總目・傳記類序》云：

> 紀事始者，稱傳記始黃帝，此道家野言也。究厥本源，則《晏子春秋》是即家傳，《孔子三朝記》其記之權輿乎？裴松之注《三國志》、劉孝標注《世說新語》，所引至繁，蓋魏、晉以來，作者彌夥。諸家著錄體例相同，其參錯混淆，亦如一軌。

> 今略為區別：一曰「聖賢」，如孔、孟《年譜》之類；二曰「名人」，如《魏鄭公諫錄》之類；三曰「總錄」，如《列女傳》之類；四曰「雜錄」，如《驂鸞錄》之類。其杜大圭《碑傳琬琰集》、蘇天爵《名臣事略》諸書，雖無傳記之名，亦各覈其實，依類編入。至安祿山、黃巢、劉豫諸書，既不能遽削其名，亦未可薰猶同器。則從叛臣諸傳附載史末之例，自為一類，謂之曰「別錄」。

傳記類又分為聖賢、名人、總錄、雜錄、別錄五個小類。

一、聖賢

四庫僅著錄二部：《孔子編年》、《東家雜記》。二書僅記孔子大聖人，何以要稱「聖賢」？《四庫全書總目》卷五十七「傳記類聖賢之屬案」云：「以上所錄皆聖蹟也。以存目之中有諸賢之敘錄，名統於一，故總標曰聖賢。」原來《四庫全書總目》將聖人著錄，將賢人列入存目。以地位定去取，又何稱焉？《孔子編年》為年譜體，今入工具部譜錄類年譜之屬。

二、名人

四庫著錄十三部，著名的有：《晏子春秋》〔註18〕、《魏鄭公諫錄》、《杜工

〔註18〕《晏子》一書，由後人摭其軼事為之，雖無傳記之名，實傳記之祖。《漢志》列在儒家。

部年譜》、《金陀粹編》〔註19〕、《諸葛忠武書》、《朱子年譜》。這些書何以稱
「名人」？《四庫全書總目》卷五十七「傳記類名人之屬案」解釋說：「此門
所錄，大抵名世之英與文章道德之士也。不曰名臣，而曰名人者，其中或苦節
卓行，而山林終老，或風流文采，而功業無聞，概曰名臣，殊乖其實，統以有
聞於後之稱，庶為兼括之通詞爾。」《杜工部年譜》、《朱子年譜》為年譜體，
今入工具部譜錄類年譜之屬。

　　《晏子春秋》八卷　舊本題齊晏嬰撰。內篇分《諫上》、《諫下》、《問上》、
《問下》、《雜上》、《雜下》六篇，外篇分上、下二篇。劉向曰：「其書六篇
（內篇），皆忠諫其君，文章可觀，義理可法，皆合六經之義。」〔註20〕孫星
衍《序略》曰：「實是劉向校本，非偽書也。《晏子》名《春秋》，疑其文出於
齊之《春秋》。晏死，其賓客集其行事書。雖無年月，尚仍舊名。」劉咸炘
云：「是書非偽，孫氏（星衍）考論甚詳，其曰：『書成在戰國之世，凡稱子
書，多非自著，無足怪者。』極為確當。而管同則曰：『太史傳贊云其書世多
有，故不論，論其軼事，必其書所無乃謂之軼，而史公所載二事今書皆有，則
史公所見非今本。』……晏子時本無著書之事，全書皆出後人，皆非晏子筆，
不獨《問篇》以下，特《諫》上下乃齊人傳說晏子事，《問篇》以下則又集者
廣採他書及他家傳說而成者耳。《七略》錄此書不稱春秋而入儒家，後世相
沿，皆入子部，《四庫提要》始定為《魏徵諫錄》、《李絳論事集》之流，列入
傳記。」〔註21〕1973年銀雀山漢墓出土了《晏子春秋》的殘簡，與今本大致
吻合，其為先秦古籍已無疑義。

三、總錄

　　四庫著錄三十六部，著名的有：《古列女傳》、《高士傳》、《伊雒淵源錄》、
《名臣言行錄》、《名臣碑傳琬琰集》、《慶元黨禁》、《唐才子傳》、《元朝名臣事
略》、《元儒考略》、《明儒學案》、《中州人物考》、《東林列傳》、《儒林宗派》、
《明儒言行錄》、《閩中理學淵源考》。這些書何以稱總錄？《四庫全書總目》
卷五十八「傳記類總錄之屬案」解釋說：「合眾人之事為一書，亦傳類也。其
源出《史記》之儒林、遊俠、循吏、貨殖、刺客諸傳。其別自為一書，則成於

〔註19〕是編為辨其祖岳飛之冤而作。
〔註20〕《七略別錄佚文・七略佚文》，上海古籍出版社，2008年版，第40頁。
〔註21〕劉咸炘：《劉咸炘學術論集・子學編》，廣西師範大學出版社，2007年版，第
　　　　351～352頁。

劉向之《列女傳》。《冊府元龜》有總錄之目，今取以名之。」

《古列女傳》七卷　漢劉向撰。分七類：母儀、賢明、仁智、貞順、節義、辨通、嬖孽，共 105 人。

《高士傳》三卷　晉皇甫謐撰。記載了上古到魏晉之間的隱逸之士，這是魏晉時社會尊尚玄學、推崇清談的一種體現。

《伊雒淵源錄》十四卷　宋朱熹撰。記周子以下程子交遊門弟子言行，以二程思想為最詳。《四庫提要》卷五十七認為：「宋人談道學宗派，自此書始；而宋人分道學門戶，亦自此書始。厥後聲氣攀援，轉相依附。其君子各執意見，或釀為水火之爭，其小人假借因緣，或無所不至。」

《名臣碑傳琬琰集》一○七卷　宋杜大圭編。大圭，眉州人。此書共三集。上集 27 卷，中集凡 55 卷，下集凡 25 卷，起建隆、乾德，訖建炎、紹興。上集為神道碑，中集為誌銘、行狀，下集以別傳為主。《四庫提要》稱：「其遺文佚事，往往補正史所不及，故講史學者恒資考證焉。」潘景鄭《明覆宋本名臣碑傳琬琰集》云：「一代名臣言行，未可盡傳於史，有碑傳以補其遺佚，後人有所考證，探賾索微，端賴於斯。歷覽漢、魏以降，代有述作，薈萃之業，大抵側重詞句，選別精英，其為傳錄之事，又多割裂斷碎，出以己見，事簡而理疏，猶不如史傳之得體，以此傳人，其可得乎？世稱碑傳載筆類多諛辭誣說，淆惑後人。予謂審別行誼，在所抉擇，人云亦云，原非為學之方，譬如山海所藏，未必盡皆珍錯，求之者各盡其所欲耳。斯書網羅放失，足為《宋史》之羽翼，徵文備獻，非典型而何！」〔註22〕

《唐才子傳》十卷　元辛文房撰。此書體例為因詩係人，多載軼事，共記載 397 人，下至妓女、女道士之類，亦皆載入。其見於新、舊《唐書》者僅百人，餘皆從傳記說部各書採輯。其體例因詩繫人，故有唐名人，非卓有詩名者不錄。即所載之人，亦多詳其逸事及著作之傳否，而於功業行誼則只撮其梗概，蓋以論文為主，不以記事為主。大抵於初盛稍略，中晚以後漸詳。楊士奇跋稱是書凡行事不關大體，不足為勸誡者不錄，又稱雜以臆說，不盡可據。《四庫提要》稱：「乖舛不一而足。蓋文房抄掇繁富，或未暇檢詳，故謬誤牴牾，往往雜見。然較計有功《唐詩紀事》，敍述差有條理，文筆亦秀潤可觀。傳後間綴以論，多掎摭詩家利病，亦足以津逮藝林，於學詩者考訂之功固不為無補焉。」

〔註22〕潘景鄭：《著硯樓讀書記》，遼寧教育出版社，2002 年版，第 153～154 頁。

《明儒學案》六十二卷　清黃宗羲撰。此書為搜採明代講學之人的文集、語錄而成，且重在辨別宗派，於諸儒源流分合之故敘述頗詳。《明儒學案》是中國最一部有系統的學術思想史與哲學史著作，以王陽明學派為主要內容。黃宗羲在該書《凡例》中提出了兩條指導思想，一曰：「大凡學有宗旨，是其人之得力處，亦是學者入門處。」二曰：「學問之道，以各人自用得著為真。此編所列，有一偏之見，有相反之論。學者於其不同處，正宜著眼理會，所謂一本而萬殊也。以水濟水，豈是學問！」

《宋元學案》一百卷　清黃宗羲撰，黃百家、全祖望等續撰。首冠《考略》，歷敘成書始末，次為《序錄》，次為學案正文。

《錄鬼簿》二卷　元鍾嗣成撰，明賈仲明補。無名氏撰《續錄鬼簿》一卷。二書共記載元代戲曲家 152 人，每人均介紹其字號、籍貫、簡略生平，以及其雜劇著作，共有近 500 種。

四、雜錄

四庫著錄九部：《孫威敏征南錄》、《驂鸞錄》、《吳船錄》、《入蜀記》、《西使記》、《保越錄》、《閩粵巡視紀略》、《松亭行記》、《扈從西巡日錄》。這些書何以稱雜錄？《四庫全書總目》卷五十八「傳記類雜錄之屬案」解釋說：「傳記者，總名也。類而別之，則敘一人之始末者為傳之屬，敘一事之始終者為記之屬。以上所錄，皆敘事之文，其類不一，故曰雜焉。」

五、別錄

四庫沒有著錄。館臣將《安祿山事蹟》、《張邦昌事略》、《偽豫傳》、《徐海本末》、《汪直傳》、《劉豫事蹟》六部全面列入存目。《四庫全書總目》卷六十四「傳記類別錄之屬案」解釋說：「以上皆逆亂之人，自為一傳者，命曰別錄，示不與諸傳比也。其割據僭竊之雄，別附載記，征討削平之事，別入雜史，均不與此同科。」安祿山、張邦昌等人皆是遺臭萬年之人，特設立「別錄」一類，將其永遠釘在歷史的恥辱柱上。

第八節　總集類

《四庫全書總目‧總集類序》云：

> 文集日興，散無統紀，於是總集作焉。一則網羅放佚，使零章

殘什並有所歸；一則刪汰繁蕪，使蕘稗咸除，菁華畢出。是固文章
之衡鑒，著作之淵藪矣。

　　《三百篇》既列為經，王逸所裒又僅《楚辭》一家。故體例所
成，以摯虞《流別》為始。其書雖佚，其論尚散見《藝文類聚》中，
蓋分體編錄者也。《文選》而下，互有得失。至宋真德秀《文章正宗》，
始別出談理一派，而總集遂判兩途。然文質相扶，理無偏廢，各明
一義，未害同歸。惟末學循聲，主持過當，使方言俚語俱入詞章，
麗制鴻篇橫遭嗤點，是則並德秀本旨失之耳。今一一別裁，務歸中
道。至明萬曆以後，儈魁漁利，坊刻彌增，剽竊陳因，動成巨帙，
並無門徑之可言，姑存其目，為冗濫之戒而已。

總集，指彙集許多人的作品而成的詩文集，故有「文章之衡鑒，著作之淵
藪」之美譽。《隋書·經籍志》云：「總集者，以建安之後，辭賦轉繁，眾家之
集，日以滋廣，晉代摯虞，苦覽者之勞倦，於是採摘孔翠，芟剪繁蕪，自詩賦
下，各為條貫，合而編之，謂為《流別》。是後文集總抄，作者繼軌。屬辭之
士，以為覃奧而取則焉。」

此序的第一段說明總集的功用：其一，化零為整，使分散之文有所統紀。
其二，網羅放佚，使零章殘什並有所歸。其三，刪汰繁蕪，使文章菁華便於
傳播。

第二段辨章總集源流。總集的編纂，始於先秦。孔子刪定《詩經》，歷來
歸於經部，但實際上是我國第一部詩歌總集。西漢劉向編次的《楚辭》，以人
標目，以文繫人，是我國現存的第二部總集。魏晉南北朝人所編的總集大都以
體標目。晉摯虞《流別》，分體編錄。《文選》、《玉臺新詠》，皆為分體編錄。
南朝梁蕭統編選先秦至梁的各體文章，取名《文選》。分為三十八類，共七百
餘首，為我國現存最早的詩文總集。其選文標準是：「事出於沉思，義歸乎翰
藻。」此書對後世的影響甚大，現在業已形成一門「文選學」（或簡稱「選
學」）。唐人所編總集，不少是以人標目，以詩繫人。宋代總集形式多元，規模
宏大。隨著宋代理學的發展壯大，理學家真德秀編纂了《文章正宗》，始別出
談理一派，並以正宗自居。文學家的文章，以「文」勝，往往文勝於質；理學
家的文章，以「理」勝，往往質勝於文。至清代樸學興盛，又別出學問家的文
章，不以文辭相尚，以「學」勝，其文枯槁，質樸木訥，往往拙於文采。對於
三派之優劣，歷來見仁見智。《四庫全書總目》作持平之論：「文質相扶，理無

偏廢，各明一義，未害同歸。」但對於「未學循聲，主持過當，使方言俚語俱入詞章」，則批評甚厲。四庫館臣站在館閣派的立場上，對明萬曆以後的公安派、竟陵派口誅筆伐，攻擊不遺餘力。不幸的是，公安派後來成為新文學的源頭之一。胡適等人「主持過當，使方言俚語俱入詞章」，以白話文相標榜，文章從此失掉古典的風格，使三派文章同歸於盡，僅餘白話文而已。

　　總集的形式多種多樣。就時間看，有通代、斷代之分；就文體看，有兼收詩文的，也有單收某一文體的；就編纂體例看，有以體標目的，也有以人標目；就收文寬嚴看，有求精、求全之別；就選錄標準看，有「文章之士」、「道學之儒」和「樸學專家」選文角度的不同；就編者看，有私修、官修之別；就內容看，有專收地方文獻的，有專收族姓的，有專收唱和的，有專收流派的，品種繁多。〔註23〕

　　《文選注》六十卷　《文選》舊本三十卷，梁昭明太子蕭統撰。唐李善為之注，始每卷各分為二。其書自南宋以來，皆與五臣注合刊，名曰《六臣注文選》，而善注單行之本世遂罕傳。《文選》是現存最早的一部文學總集。自唐以來，《文選》幾乎是歷代文士的必讀書，注釋及研究者代不乏人，逐漸成為一門專門研究，俗稱「選學」或「文選學」。宋元明三代，在注釋考證方面沒有作出特別突出的成績。清代樸學大興，學者以治經之法治「選學」，成就斐然，代表性的著作有：梁章鉅《文選旁證》、朱珔《文選集釋》、胡培系《文選箋證》、孫志祖《文選李注補正》、《文選考異》。晚近黃侃撰《文選平點》（上海古籍出版社，1985 年版）。黃侃弟子駱鴻凱受其指授，撰成《文選學》（中華書局，1937 年版）。高步瀛撰《文選李注義疏》（中華書局，1984 年排印本），傅剛撰《昭明文選研究》（社會科學出版社，2000 年版）、《文選版本研究》（北京大學出版社，2000 年版）。饒宗頤將散見各處的抄本匯為《敦煌吐魯番本文選》，由中華書局，2000 年影印出版。目前鄭州大學正在組織編修《文選研究集成》。

　　《玉臺新詠》十卷　陳徐陵撰。所選架梁以前詩。劉肅《大唐新語》曰：「梁簡文為太子，好作豔詩，境內化之。晚年欲改作，追之不及，乃令徐陵為《玉臺集》以大其體。」前八卷為自漢至梁五言詩，第九卷為歌行，第十卷為五言二韻之詩。雖皆取綺羅脂粉之詞，而去古未遠，猶有講於溫柔敦厚之遺，未可概以淫豔斥之。清吳兆宜等撰《玉臺新詠箋注》（中華書局，1985 年版），劉躍進撰《玉臺新詠研究》（中華書局，2000 年版）。

〔註23〕曾棗莊：《集部要籍概述》，江蘇教育出版社，2007 年版，第 3 頁。

　　《文苑英華》一千卷　宋太平興國七年（982）李昉、扈蒙、徐鉉、宋白等奉敕編，續又命蘇易簡、王祐等參修。至雍熙四年（987）書成。梁昭明太子撰《文選》三十卷，迄於梁初。此書所錄，則起於梁末，蓋即以上續《文選》。其分類編輯體例，亦略相同，而門目更為繁碎。《四庫提要》卷一百八十六許為「著作之淵海」。傅增湘撰《文苑英華校記》（北京圖書館出版社，2006 年版），凌朝棟撰《文苑英華研究》（上海古籍出版社，2005 年版）。

　　《唐文粹》一百卷　宋姚鉉編。鉉字寶（臣）〔之〕，廬州人。是編文賦惟取古體，不錄四六之文，詩歌亦惟取古體，不錄五七言近體。《四庫提要》稱：「蓋詩文儷偶皆莫盛於唐，盛極而衰，流為俗體，亦莫雜於唐。鉉欲力挽其末流，故其體例如是。於歐、梅未出以前，毅然矯五代之弊，與穆修、柳開相應者，實自鉉始。詩中如陸龜蒙《江湖散人歌》、皎然《古意》詩之類，一概收之，亦未免過求樸野，稍失別裁。然論唐文者終以是書為總匯，不以一二小疵掩其全美也。」關於《唐文粹》選錄的得失問題，馬積高分析得比較中肯：「姚氏此書尚不止以矯俗復古見長，其選篇亦頗具鑒裁。以賦而論，所選大抵多為名家名作，或在內容和表現藝術上有一定特色者。尤可貴者是選入了不少揭露統治者殘酷剝削、壓迫人民和社會上其他醜惡現象的作品，如杜牧《阿房宮賦》、孫樵《大明宮賦》、李商隱《虱賦》、《蟀賦》、陸龜蒙《蠹賦》、《後虱賦》、羅隱《秋蟲賦》、何諷《渴賦》等。而這些賦，除杜牧《阿房宮賦》外，《文苑英華》皆不採。唯《英華》選錄柳宗元的賦頗多，而《文粹》於其賦幾擯而不錄，殊為失察。」〔註24〕

　　《樂府詩集》一百卷　宋郭茂倩撰。是集總括歷代樂府，上起陶唐，下迄五代。凡郊廟歌詞十二卷、燕射歌詞三卷、鼓吹曲詞五卷、橫吹曲詞五卷、相和歌詞十八卷、清商曲詞八卷、舞曲歌詞五卷、琴曲歌詞四卷、雜曲歌詞十八卷、近代曲詞四卷、雜謠歌詞七卷、新樂府詞十一卷。《四庫提要》稱：「其解題徵引浩博，援據精審，宋以來考樂府者無能出其範圍。每題以古詞居前，擬作居後，使同一曲調，而諸格畢備，不相沿襲，可以藥剿竊形似之失。其古詞多前列本詞，後列入樂所改，得以考知孰為側，孰為趨，孰為豔，孰為增字減字。其聲詞合寫不可訓詁者亦皆題下注明，尤可以藥摹擬聲牙之弊。誠樂府中第一善本。」

　　《宋文鑒》一百五十卷　宋呂祖謙編。祖謙之為此書，當時頗鑠於眾口。

〔註24〕馬積高：《歷代辭賦研究史料概述》，中華書局，2001 年版，第 223 頁。

陳振孫《書錄解題》記朱子晚年語學者曰:「此書編次,篇篇有意,其所載奏議,亦係當時政治大節。祖宗二百年規模與後來中變之意,盡在其間,非《選》、《粹》比也。」關於此書的選文標準,大致如周必大所說:「古賦詩騷,則欲主文而譎諫;典策詔誥,則欲溫厚而有體;奏疏表章,取其諒直而忠愛者;箴銘讚頌,取其精愨而詳明者;以至碑記論序書啟雜著,大率事辭稱者為先,事勝辭則次之,文質備者為先,質勝文則次之。復謂律賦經義,國家取士之源,亦加採掇,略存一代之制。」〔註25〕

《元文類》七十卷　元蘇天爵編。所錄諸作,自元初迄於延祐,正元文極盛之時。凡分四十三類。《四庫提要》稱:「是編去取精嚴,具有體要。自元興以逮中葉,英華采擷,略備於斯。論者謂與姚鉉《唐文粹》、呂祖謙《宋文鑒》鼎立而三。然鉉選唐文,因宋白《文苑英華》,祖謙選北宋文,因江鈿《文海》,稍稍以諸集附益之耳。天爵是編,無所憑藉,而蔚然媲美,其用力可云勤摯。」馬積高亦認為:「至謂天爵此本去取嚴,誠是,精否則尚可議。以賦而言,其不收元好問、李俊民之作,可能因其為遺民,固無不可;不錄郝經賦,則失之隘了;且劉因但收其《白雲辭》而遺其《渡江》、《苦寒》二賦,亦難說精當。但此書所收騷、賦,其辭均頗雅潔,且入選之作家僅九人,而熊朋來、袁裒、李好文、王士熙四人之文集皆不傳,其賦得不湮沒,則蘇氏之功矣。」〔註26〕

《唐宋八大家文抄》一百六十四卷　明茅坤編。自李夢陽《空同集》出,以字句摹秦、漢,而秦、漢為窠臼。自坤《白華樓稿》出,以機調摹唐、宋,而唐、宋又為窠臼。故坤嘗以書與唐順之論文,順之復書有「尚以眉髮相山川,而未以精神相山川」之語。又謂:「繩墨布置,奇正轉折,雖有專門師法,至於中間一段精神命脈,則非具今古隻眼者不足與此。」蓋頗不以能為古文許之。今觀是集,大抵亦為舉業而設。其所評語,疏舛尤不可枚舉。然八家全集浩博,學者遍讀為難,書肆選本又漏略過甚,坤所選錄尚得煩簡之中。《四庫提要》稱:「集中評語雖所見未深,而亦足為初學之門徑。」

第九節　譜錄類

《四庫全書總目》的譜錄類下分器物、食譜、草木鳥獸蟲魚三子目。我們

〔註25〕周必大:《文忠集》卷一百四《皇朝文鑒序》。
〔註26〕馬積高:《歷代辭賦研究史料概述》,中華書局,2001年版,第227頁。

將器物之屬調到出土文獻金石類（見《國故新土》），將食譜之屬調到技藝部工藝類，將草木鳥獸蟲魚之屬調到子部農家類，重新組成新的譜錄類，下分為史表、輿圖、年譜、畫譜、樂譜、印譜、圖錄、名錄。

一、史表

《春秋年表》一卷　不著撰人名氏。自周而下，次以魯、蔡、曹、衛、滕、晉、鄭、齊、秦、楚、宋、杞、陳、吳、越、邾、莒、薛、小邾。其書在宋本自單行，岳珂雕印九經，乃以附《春秋》之後。

《春秋大事表》五十卷　清顧棟高撰。是書以《春秋》列國諸事比而為表，曰時令，曰朔閏，曰長歷拾遺，曰疆域，曰爵姓存滅，曰列國地理犬牙相錯，曰都邑，曰山川，曰險要，曰官制，曰姓氏，曰世系，曰刑賞，曰田賦，曰吉禮，曰凶禮，曰賓禮，曰軍禮，曰嘉禮，曰王跡拾遺，曰魯政下逮，曰晉中軍，曰楚令尹，曰宋執政，曰鄭執政，曰爭盟，曰交兵，曰城築，曰四裔，曰天文，曰五行，曰三傳異同，曰闕文，曰吞滅，曰亂賊，曰兵謀，曰引據，曰杜注正訛，曰人物，曰列女。又有《附錄》一卷、《偶筆》一卷、《輿圖》一卷。

《讀史記十表》十卷　清汪越撰，徐克范補。越字師退，克范字堯民，皆南陽人。是書考校頗為精密，對研讀《史記》大有裨益。史家之難，在於表志二體，但表文經緯相牽，或連或斷，可以考證，但難以誦讀，所以讀者往往略而不觀，選家亦僅錄其表前小序。劉知幾考正史例，至為詳悉，而《史通》已有廢表之偏論，則其他可想而知。

《補後漢書年表》十卷　宋熊方撰。方字廣居，豐城人。司馬遷作《史記》，始立十表。班固《漢書》八表實沿其例。范蔚宗作《後漢書》，獨闕表體，遂使東漢典故散綴於紀傳之內，不能絲連繩貫，開卷即得。熊方因作此編，補所未備。《四庫提要》稱其經緯周密，敘次井然，使讀者按部可稽，深為有裨於史學。

《補歷代史表》五十三卷　清萬斯同撰。斯同字季野，鄞縣人。是書以十七史自《後漢書》至《五代史》唯《新唐書》有表，其餘皆付闕如，故各為補撰。宗《史記》、《前漢書》之例，作《諸王世表》、《外戚侯表》、《外戚諸王世表》、《異姓諸王世表》、《將相大臣及九卿年表》。宗《新唐書》之例，作《方鎮年表》、《諸鎮年表》。《宦者侯表》、《大事年表》，則為萬斯同自創之例。黃

宗羲序謂：「自科舉之學盛，而史學遂廢。昔蔡京、蔡卞當國，欲絕滅史學，即《資治通鑒》板亦議毀之，然而不能。今未嘗有史學之禁，而讀史者顧無其人，由是而歎人才之日下也。憶余十九、二十歲時，讀二十一史，每日丹鉛一本，遲明而起，雞鳴方已，蓋兩年而畢。」《四庫提要》亦稱其書於史學殊為有助。

《歷代紀事年表》一百卷　清王之樞編纂。起自帝堯元載甲辰，訖於元順帝至正二十八年戊申，凡三千七百二十五年之事，仿《史記》年月表、《通鑒》目錄之體，年經事緯，芟繁就簡。其上方一層為天位，以紀正統之君。其非正統者，如楚漢之際及呂氏、新莽、南北朝、五代之季，並降置次格，而虛其上方。四夷外國，則列於下格。

《欽定宗室王公功績表傳》十二卷　乾隆四十六年奉敕撰。事必具其始末，語必求其徵信。

二、輿圖

《嶺海輿圖》一卷　明姚虞撰。虞字澤山，莆田人。嘉靖壬辰進士，官至淮安府知府。是編乃其官監察御史時巡按廣東所作。凡為圖十有二。首為全省圖，次十府十圖，終以南夷圖。圖各有敘，敘之例，首述沿革形勢利病，次州縣，次戶口，次田糧課稅，次官兵馬疋，其總圖則首以職官，以布政按察二司分統之。大旨略於前代而詳於當代，略於山川而詳於扼塞，略於官職而詳於兵馬錢糧，略於文事而詳於武備，於志乘之中別為體例。

《欽定皇輿西域圖志》五十二卷　前有乾隆二十七年十二月初一日御製序。

三、年譜

《孔子編年》五卷　舊本題宋胡舜陟撰，實其子胡仔所撰。是書輯錄孔子言行，以《論語》、《春秋三傳》、《禮記》、《家語》、《史記》諸家所載，按歲編排，體例亦如年譜。自周秦之間，讖緯雜出，一切詭異神怪之說大率託諸孔子，不足為憑。胡仔獨依據經傳，考尋事實，大旨以《論語》為主，附以他書，其採掇頗為審慎。諸書紀錄聖言，不能盡載其歲月，而胡仔既限以編年，不免時有牽合。《四庫提要》稱：「仔所論次，猶為近古。」

《杜工部年譜》一卷　宋趙子櫟撰。子櫟字夢授，宋太祖六世孫。《四庫提要》稱其所援引亦簡略，不及魯訔譜之詳。

《杜工部詩年譜》一卷　宋魯訔撰。訔字季欽，嘉興人。杜甫年譜創始於呂大防，魯訔以甫生於睿宗先天元年壬子，卒於大曆五年庚戌，承呂譜之舊。姚桐壽《樂郊私語》云：「杜少陵集自遊龍門，至過洞庭，詩目次第，為季卿編定，一循少陵平生行跡，可以見其詩法。」

《朱子年譜》四卷　清王懋竑撰。懋竑字予中，江蘇寶應人。此書據《語錄》、《文集》訂補舛漏而成。《考異》備列其去取之故。《四庫提要》稱：「大旨在辨別為學次序，以攻姚江《晚年定論》之說。故於學問特詳，於政事頗略。於朱子平生求端致力之方，考異審同之辨，元元本本，條理分明。」

四、畫譜

《宣和畫譜》二十卷　不著撰人名氏。記宋徽宗朝內府所藏諸畫。所載共二百三十一人，計六千三百九十六軸，分為十門，一道釋，二人物，三宮室，四蕃族，五龍魚，六山水，七鳥獸，八花木，九墨竹，十蔬果。

《宣和書譜》二十卷　不著撰人名字。記宋徽宗時內府所藏諸帖。首列帝王諸書為一卷，次列篆隸為一卷，次列正書四卷，次列行書六卷，次列草書七卷，末列分書一卷。宋人之書，終於蔡京、蔡卞、米芾。

《清河書畫表》一卷　明張丑記其家累世所藏書畫。是表所列，以書畫時代為經，以世系為緯，第一格為其高祖元素所藏，第二格為其曾伯祖維慶、曾祖子和所藏，第三格為其祖約之叔祖誠之所藏，第四格為其父茂實所藏，第五格為其兄以繩所藏，第六格為丑所自藏，第七格為其姪誕嘉所藏。上迄晉，下迄明，計作者八十一人，四十九帖、一百一十五圖中多名跡。

《書畫見聞表》一卷　明張丑撰。蓋仿米芾《寶章待訪錄》例，變而為表。凡分四格，第一格為時代，第二格為目睹，第三格為的聞，第四格則每一朝代總計其數，題曰會計，凡一百五十五人、一百八十八帖、三百五十六圖。

《南陽法書表》一卷《南陽名畫表》一卷　明張丑撰。所列皆韓世能家收藏真蹟。法書表凡作者二十七人，計七十二件，分五格，上為時代，下以正書、行狎、草聖、石刻四等，各為一格。名畫表凡作者四十七人，計九十五圖，亦分五格，上為時代，而下以道釋人物為一格，山水界畫為一格，花果鳥獸為一格，蟲魚墨戲為一格，例又小別。

《御定佩文齋書畫譜》一百卷　康熙四十七年聖祖仁皇帝御定。書畫皆興於上古，而無考辨工拙之文。考辨工拙蓋自東漢以後，其初惟論筆法，其後

有名姓品第，有收藏著錄，有題跋古蹟，有辯證真偽，其書或傳或不傳，其兼登眾說，匯為一編，則自張彥遠《法書要錄》、《歷代名畫記》始。是書分門列目，徵事考言，所引書凡一千八百四十四種。

《竹譜》十卷　元李衎撰。衎字仲賓，號息齋，薊丘人。書分四門，曰畫竹譜、墨竹譜、竹態譜、竹品譜。其竹品譜中又分全德品、異形品、異色品、神異品、似是而非竹品、有名而非竹品六子目，共為十卷，卷各有圖。其書廣引繁徵，頗稱淹雅。《四庫提要》稱非惟遊藝之一端，抑亦博物之一助。

五、樂譜

四庫琴譜之屬僅著錄四部：《琴史》、《松弦館琴譜》、《松風閣琴譜》、《琴譜合璧》。《四庫全書總目》卷一百十三「藝術類琴譜之屬案」解釋說：「以上所錄，皆山人墨客之技，識曲賞音之事也。若熊朋來《瑟譜後錄》、汪浩然《琴瑟譜》之類，則全為雅奏，仍隸經部樂類中，不與此為伍矣。」顯然以雅俗為標準，雅者入經，俗者入藝。現在不分雅俗，一律等量齊觀，因此我們撤消四庫琴譜之屬。

《欽定詩經樂譜》三十卷　乾隆五十三年奉敕撰。總計原詩三百五篇，增入《御製補笙詩》六篇，凡三百十一篇，簫笛鐘琴瑟，凡一千五百五十五譜。

《瑟譜》六卷　元熊朋來撰。首為瑟弦律圖，次為旋宮六十調圖，次為雅律通俗譜例，次為指法，次為詩舊譜，次曰詩新譜，次曰樂章譜，終以瑟譜後錄。《四庫提要》稱：「朋來於舊譜放失之餘，為之考訂搜羅，尚存梗概。史稱其通曉樂律，尤善鼓瑟，則與儒者不通宮調而生談樂理者尚屬有殊。存之猶足見古樂之遺也。」

《琴史》六卷　宋朱長文撰。是書專述琴典，前五卷紀自古通琴理者一百四十六人，附見者九人，各臚舉其事蹟。後一卷分十一篇，一曰瑩律，二曰釋弦，三曰明度，四曰擬象，五曰論音，六曰審調，七曰聲歌，八曰廣制，九曰盡美，十曰志言，十一曰敘史。《四庫提要》稱：「凡操弄沿起，制度損益，無不咸具，採摭詳博，文詞雅贍。」

《松弦館琴譜》二卷　明嚴澂撰。是書所錄之曲二十有八，皆有譜無文。其自序云：「古樂湮而琴不傳，所傳者聲而已。古詩被諸管絃者，大抵倚聲而歌，非以歌取聲。今世所傳古琴操者，皆其詞，非其聲也。」《四庫提要》稱：「澂之所論，最為近理，故琴派各家不一，而清微淡遠，惟虞山為最。」

　　《松風閣琴譜》二卷　程雄撰。是編輯諸家遺譜，而參以己法。譜中所增諸法多出程雄之新意，指法亦較他譜增倍。大抵得力於勹法居多，然譜調純熟，而不涉於俗，亦學琴者所不可廢矣。

　　《琴譜合璧》十八卷　清和素取明楊掄所撰《太古遺音》重為翻譯。掄本金陵琴工，輯舊譜而為是書，其意以古之雅樂不過如是，而不知其仍不離乎俗。指法五十三類，頗得師授，為時譜之佳者。《歸去來詞》、《聽穎師琴詩》、《秋聲賦》、《前赤壁賦》，不增減一字，而聲韻自合，亦為可取。其餘附會古人，詞多鄙俚，只取其音，無取其詞。

六、印譜

　　我們撤消四庫所設的篆刻之屬，此類僅著錄二部：《學古編》、《印典》。《四庫全書總目》卷一百十三「藝術類篆刻之屬案」解釋說：「揚雄稱：『雕蟲篆刻，壯夫不為。』故鍾繇、李邕之屬，或自鐫碑，而無一自製印者，亦無鑒別其工拙者。漢印字畫，往往訛異，蓋由工匠所作，不解六書。或效為之，斯好古之過也。自王俅《嘯堂集古錄》始稍收古印，自晁克一印格始集古印為譜，自吾丘衍《學古編》始詳論印之體例，遂為賞鑒家之一種。文彭、何震以後，法益密，巧益生焉。然印譜一經傳寫，必失其真。今所錄者，惟諸家品題之書耳。」因此，四庫只著錄諸家品題之書，不收印譜。

　　《學古編》一卷　元吾丘衍撰。是書專為篆刻印章而作。首列《三十五舉》，詳論書體正變及篆寫摹刻之法。次合用文籍品目，一小篆品，二鍾鼎品，三古文品，四碑刻品，五器品，六辨謬品，七隸書品，八字源，九辨源，凡四十六條。晁克一撰《圖書譜》，王厚之撰《漢晉印章圖譜》、《復齋印譜》，顏叔夏撰《古印譜》，姜夔撰《集古印譜》，趙孟頫撰《印史》，吾丘衍因復踵而為之。其間辯論訛謬，徐官《印史》謂其多採他家之說，而附以己意，剖析頗精。

　　《印典》八卷　清朱象賢撰。是編採錄印璽故實及諸家論說，分原始、制度、賚予、流傳、故事、綜紀、集說、雜錄、評論、鐫製、器用、詩文十二類。採摭豐富，足備考核。

七、圖錄

　　《儀禮圖》十七卷《儀禮旁通圖》一卷　宋楊復撰。復字茂才，號信齋，福州人。讀儀禮者必明於古人宮室之制，然後所位所陳揖讓進退不失其方。故

李如圭《儀禮通釋》、朱子《儀禮經傳通釋》皆特出《釋宮》一篇,以總挈大綱,使眾目皆有所麗。是書獨廢此一門,但隨事立圖,或縱或橫,既無定向,或左或右,僅列一隅,遂似滿屋散錢,紛無條貫。其見於宮廟門僅止七圖,頗為漏略。又遠近廣狹,全無分數。

《三禮圖集注》二十卷　宋聶崇義撰。崇義,洛陽人。世宗詔崇義參定郊廟祭玉,因取三禮圖,凡得六本,重加考訂,宋初上於朝,太祖覽而嘉之,詔頒行。所謂六本者,鄭玄一,阮諶二,夏侯伏朗三,張鎰四,梁正五,開皇所撰六。沈括《夢溪筆談》譏其犧象尊黃目尊之誤,歐陽修《集古露》譏其簠圖與劉原父所得真古簠不同,趙彥衛《雲麓漫抄》譏其爵為雀背承一器,犧象尊作一器繪牛象。林光朝亦譏之曰:「聶氏《三禮圖》全無來歷,穀璧則畫穀,蒲璧則畫蒲,皆以意為之。不知穀璧止如今腰帶上胯上粟文耳。」是宋代諸儒亦不以所圖為然。然其書抄撮諸家,亦頗承舊式,不盡出於杜撰。

《三禮圖》四卷　明劉績撰。績字用熙,號蘆泉,江夏人。是書所圖一本陸佃《禮象》、陳祥道《禮書》、林希亦《考工記解》諸書,而取諸《博古圖》者為尤多,與舊圖大異。聶崇義糸考六本,定為一家之學,雖踵謬沿訛,在所不免,而遞相祖述,終有典型。至《宣和博古圖》所載,大半揣摩近似,強命以名,其間疏漏多端,洪邁諸人已屢攻其失。績以漢儒為妄作,而依據是圖,殊為顛倒。至於宮室制度、輿輪名物,凡房序堂夾之位,輢較賢藪之分,亦皆一一分析,不惟補崇義之闕,且以拾希逸之遺。

《六經圖》十卷　宋楊甲撰,毛邦翰補。其書成於乾道中。邦翰所補之本,《易》七十圖、《書》五十五圖、《詩》四十五圖、《周禮》六十八圖、《禮記》四十一圖、《春秋》四十三圖。

《皇清職貢圖》九卷　乾隆十六年奉敕撰。以朝鮮以下諸外藩為首,其餘諸藩諸蠻各以所隸之省為次,分圖系說,共為七卷,告成於乾隆二十二年。乾隆二十八年以後,土爾扈特全部自俄羅斯來歸,雲南整欠景海諸土目又相繼內附,乃廣為續圖一卷,每圖各繪其男女之狀及其諸部長屬眾衣冠之別,凡性情、習俗、服食、好尚,無不具載。

八、名錄

《元和姓纂》十卷　唐林寶撰。寶,濟南人。其論得姓受氏之初,多原本於《世本》、《風俗通》,其他如《世本》、《族姓記》、《三輔決錄》以及《百家

譜》、《英賢傳》、《姓源韻譜》、《姓苑》諸書不傳於今者，賴其徵引，亦皆班班可見。鄭樵作《氏族略》，全祖其文。寶以二十旬而成書，援引間有訛謬，但當矜尚門第之時，各據其譜牒所陳，附會攀援，均所不免。洪邁《容齋隨筆》稱《元和姓纂》誕妄最多，蓋有由也。《四庫提要》稱其於唐人世系則詳且核矣。

《萬姓統譜》一百四十六卷　明凌迪知撰。其書以古今姓氏分韻編次，略仿林寶《元和姓纂》，以歷代名人履貫事蹟按次時代分隸名下，又仿章定《名賢氏族言行類稿》，名為姓譜，實則合譜牒、傳記而共成一類事之書。

《古今姓氏書辯證》四十卷　宋鄧名世撰。名世字符亞，臨川人。其書長於辯論，大抵以《左傳》、《國語》為主，自《風俗通》以下各採其是者從之，而於《元和姓纂》抉摘獨詳。又以《熙寧姓纂》、《宋百官公卿家譜》二書互為參校，亦往往足補史傳之闕，較他姓氏書特為精覈。《朱子語類》謂名世學甚博，姓氏一部考證甚詳，不虛也。

《古今同姓名錄》二卷　梁孝元皇帝撰。《四庫提要》稱：「辨析異同，殊別時代，亦未嘗非讀史之要務，非但綴瑣聞供談資也。」

第十節　雜纂類

《四庫全書》雜家類有雜纂之屬，《四庫全書總目·雜家類序》云：「類輯舊文，途兼眾軌者，謂之雜纂。」雜纂，指各類瑣雜事物的輯述。《四庫全書》著錄十一部，著名的有：《意林》、《類說》、《事實類苑》、《自警編》、《言行龜鑑》、《古今說海》、《玉芝堂談薈》、《元明事類抄》等。《四庫全書總目》卷一百二十三「雜家類雜纂之屬案」云：「以上諸書，皆採摭眾說以成編者。以其源不一，故悉列之雜家。《呂覽》、《淮南子》、《韓詩外傳》、《說苑》、《新序》亦皆綴合群言，然不得其所出矣，故不入此類焉。」雜纂之屬，可謂「摘比之類書，詞人之雜纂」〔註27〕。我們認為，雜纂之屬雖綴合群言，既無條貫，又未成家數，故不應列入雜家類，且與類書類有別，獨立為一類。雜纂雜抄，四部皆有之，如史部之史抄，子部之子抄，皆可歸入此類。

一、纂言

《群書治要》五十卷　唐魏徵等奉敕撰。輯錄經史諸子有關治國興衰之

〔註27〕章學誠：《文史通義·和州志政略序例》。

文，起上古，迄晉代。多本唐初善本，保存了大量珍貴文獻史料。

《意林》五卷　唐馬總撰。梁庾仲容取周秦以來諸家雜記凡一百七家，摘其要語，為三十卷，名曰《子抄》。總以其繁略失中，增損成書。

《經子法語》二十四卷　宋洪邁撰。此書摘經子新穎字句以備程試之用者，體例略如類書，但不分門目，與經義絕不相涉。

《文苑英華抄》四卷　宋高似孫編。是編乃採摘《文苑英華》中典雅字句可供文章之用者，仿洪邁《經子法語》之例，抄合成帙。

《類說》六十卷　宋曾慥編。取自漢以來百家小說，採掇事實，編纂成書。其二十五卷以前為前集，二十六卷以後為後集。其書體例略仿馬總《意林》，每一書各刪削原文，而取其奇麗之語，仍存原目於條首。但總所取者甚簡，此所取者差寬，為稍不同耳。

《讀書止觀錄》五卷　明吳應箕撰。是書乃襲陳繼儒《讀書十六觀》之餘緒，推而衍之，雜引古人論讀書作文之語，而稍以己意為論斷。

二、纂事

《事實類苑》六十三卷　宋江少虞撰。其書成於紹興十五年，以宋代朝章國典見於諸家記錄甚多，難於稽考，因為選擇類次之，分祖宗聖訓、君臣知遇、名臣事蹟、德量智識、顧問奏對、忠言讜論、典禮音律、官政治績、衣冠盛事、官職儀制、詞翰書籍、典故沿革、詩賦歌詠、文章四六、曠達隱逸、仙釋僧道、休祥夢兆、占相醫藥、書畫技藝、忠孝節義、將相才略、知人薦舉、廣知博識、風俗雜志，凡二十四門。

《雞肋》一卷　宋趙崇絢撰。其書雜採古事有名同而實異者，各自為條，不相比附，體例未詳，偶然記錄成書。四庫列在類書類。

《玉芝堂談薈》三十六卷　明徐應秋撰。是書亦考證之學，而嗜博愛奇，不免兼及瑣屑之事。其例立一標題為綱，而備引諸書以證之，大抵採自小說雜記者多。

《元明事類抄》四十卷　清姚之駰撰。是編蓋摘取元明諸書，分門類載，亦江少虞《事實類苑》之流。覈其條目，實為類書。

三、纂物

《博物志》十卷　舊本題晉張華撰。《四庫提要》云：「或原書散佚，好事者掇取諸書所引《博物志》，而雜採他小說以足之。故證以《藝文類聚》、

《太平御覽》所引，亦往往相符。其餘為他書所未引者，則大抵剽掇《大戴禮》、《春秋繁露》、《孔子家語》、《本草經》、《山海經》、《拾遺記》、《搜神記》、《異苑》、《西京雜記》、《漢武內傳》、《列子》諸書，餖飣成帙，不盡華之原文。」

《續博物志》十卷　宋李石撰。其書以補張華所未備，惟華書首地理，此首天象，體例小異，其餘雖不分門目，然大致略同。

四、史抄

四庫史抄類僅著錄三部：《兩漢博聞》、《通鑑總類》、《南史識小錄·北史識小錄》。又將《史記法語》、《南朝史精語》、《十七史詳節》、《東漢精華》等四十部列入存目。史抄類原在史部，現在移至雜纂類。

《兩漢博聞》十二卷　宋楊侃編。是編摘錄前、後《漢書》，不依篇第，不分門類。惟簡擇其字句故事列為標目，而節取顏師古及章懷太子注列於其下。

《通鑑總類》二十卷　宋沈樞撰。是書乃其致仕時所編，取司馬光《資治通鑑》事蹟，仿《冊府元龜》之例，分為二百七十一門，每門各以事標題，略依時代前後為次。

《史記法語》八卷　宋洪邁編。是編於《史記》內自二字以上句法古雋者，依次標出，亦間錄舊注，以備修詞之用。

《南朝史精語》十卷　宋洪邁撰。此所摘宋齊、梁、陳四朝史中之語。

《十七史詳節》二百七十三卷　宋呂祖謙編。此為其讀史時刪節備檢之本，大抵隨時節抄，不必盡出精要。

《東漢精華》十四卷　宋呂祖謙撰。是編乃其《兩漢精華》之一，摘其要語而論之，或比類以明之。

參考文獻

1. 錢大昕：《嘉定錢大昕全集》，南京：江蘇古籍出版社，1997 年版。

2. 章學誠：《文史通義》，上海：上海書店，1988 年版。

3. 潘景鄭：《著硯樓讀書記》，瀋陽：遼寧教育出版社，2002 年版。

4. 黃侃述、黃焯編：《文字聲韻訓詁筆記》，上海：上海古籍出版社，1983年版。

5. 董治安主編：《經部要籍概述》，南京：江蘇教育出版社，2008 年版。

6. 王樹民：《史部要籍解題》，北京：中華書局，1981 年版。

7. 劉咸炘：《劉咸炘學術論集·子學編》，桂林：廣西師範大學出版社，2007 年版。

8. 馬積高：《歷代辭賦研究史料概述》，北京：中華書局，2001 年版。

9. 曾棗莊：《集部要籍概述》，南京：江蘇教育出版社，2007 年版。

10. 程毅中：《古籍整理淺談》，北京：北京燕山出版社，2001 年版。

推薦書目

1. 漢許慎：《說文解字》，北京：中華書局，1963 年版。

2. 清永瑢等：《四庫全書總目》，北京：中華書局，1965 年版。

3. 范希曾：《書目答問補正》，上海：上海古籍出版社，1983 年版。

4. 梁蕭統編、唐李善注：《文選》，北京：中華書局，1977 年版。

5. 宋郭茂倩：《樂府詩集》，北京：中華書局，2001 年版。

附錄　文獻學引論

第一節　文獻：從傳統到現代的轉換

一、文獻舊義

（一）文獻溯源

中華自古號稱「禮儀之邦」，禮學是關於處理天、地、人關係的大學問。而「文獻」一詞，最早就是和「禮」緊密聯繫在一起的：

> 子曰：「夏禮，吾能言之，杞不足徵也；殷禮，吾能言之，宋不
>
> 足徵也。文獻不足故也。足，則吾能征之也。」〔註1〕

孔子如是說：「夏代的禮，我能講，但它的後代杞國卻不能找到足以印證的史料。殷代的禮，我能講，但它的後代宋國卻不能找到足以印證的史料。這是由於書證與人證不夠充足的緣故。如果證據充足，證據鏈完整，我就能夠證明了。」由於文獻出現了缺環，無法構成完整的證據鏈，孔子既無成籍可據，又沒有老於典故者質疑問難，無徵不信，所以他難以理清夏、商二代完整之禮，只剩下無可奈何的喟歎而已。宋趙順孫《論語纂疏》卷二引胡氏曰：「所謂文獻不足，非典籍與賢者全不可考也，特有闕耳。」又引輔氏曰：「典籍所以載是禮，而賢者又禮之所從出。典籍不足，則無以考驗其事實；賢者不足，則無以質問其得失也。」

《禮記·中庸》亦云：

> 子曰：「吾說夏禮，杞不足徵也。吾學殷禮，有宋存焉。吾學周

〔註1〕《論語·八佾》。

禮，今用之，吾從周。」

宋真德秀《中庸集編》卷下解釋說：「此又引孔子之言。杞，夏之後。徵，證也。宋，殷之後。三代之禮，孔子皆嘗學之，而能言其意。但夏禮既不可考證，殷禮雖存，又非當世之法，惟周禮乃時王之制，今日所用，孔子既不得位，則從周而已。」元胡炳文《論語通》卷二曰：「夫子既能言之，豈不可筆之於書，猶曰無徵不信，其謹重如此。此凡三見。《禮運》以為之杞得《夏時》，之宋得《坤乾》。《中庸》則以為杞不足徵，有宋存焉。合而觀之，蓋雖得《夏時》、《坤乾》之文，雖於宋略有存焉者，然其為文獻要皆缺略而不完也，故夫子謹之。」孔子生當春秋末年，禮崩樂壞，夏禮、殷禮已經不可詳考，只能說個大概；周禮也開始由衰變走向崩潰。「禮失而求諸野」，孔子迫不得已，只好求夏禮於杞，求殷禮於宋。文獻不足徵，只好採用類似後世文化人類學的方法。當代禮制史研究大家陳戌國先生〔註2〕說：

> 孔子說他懂夏禮，「能言之」。可惜他沒有把夏禮寫進書裏傳下來，他的後學也只做過零星的記載。但是，自從王靜安先生運用他的二重證據法有力地證明《史記‧商本紀》的世系基本正確之後，人們對《夏本紀》也有理由抱有信心，對夏的存在不再懷疑；現在可以說：夏禮作為夏代文明的代表，其存在也是毋庸置疑的。居今日而言夏禮，同樣由於書闕有間，困難頗多。好在有考古發掘的文物可作有關文獻的有力佐證，彌補文獻的不足，夏禮還是可以說個大概的。〔註3〕

陳戌國先生的《中國禮制史‧先秦卷》對於三代禮制做了力所能及的鉤勒。孔子的這段話談論的中國文化史上的重大問題——禮制的因革損益，它需要與《論語‧為政》中的另外一段話聯繫起來：

> 子張問：「十世可知也？」子曰：「殷因於夏禮，所損益可知也。
> 周因於殷禮，所損益可知也。其或繼周者，雖百世亦可知也。」

當代著名思想家李澤厚先生由此窺見中國歷史的特徵：

> 中國新石器時期漫長發達，戰爭巨大頻繁，氏族體制結構完
> 整，極具韌性，難以瓦解，乃重大特點，因之社會——政治發展雖

〔註2〕為行文簡便，引述他人觀點時，一般直呼其名，敬請諒解。但對親炙過的老師或特別景仰的前輩則稱先生，以明學術繼承關係。
〔註3〕陳戌國：《中國禮制史‧先秦卷》，湖南教育出版社，2002年版，第102頁。

歷經父家長制、早期宗法制、體系宗法制、地域國家、專制大一統國家、門閥貴族制、世俗地主皇權制以及近代趨向的出現等等階級，包括秦漢、魏晉、中唐、明清、近代各種重要歷史轉折，血緣家庭——家族作為社會細胞或支柱，卻始終未變，主宰、影響了各個方面，雖「十世可知」。這才是中國歷史特徵或關鍵所在。如何瞭解這一特點而展望未來，實待深入研討。因今日中國社會之最大發展即此支柱的瓦解崩潰而進入現代。〔註4〕

百世可知，告往知來，這也需要建築在深入細緻的文獻研究之上。研究任何學問都需要文獻足徵。如果文獻不足，又該如何處理呢？孔子強調闕疑。子曰：「多聞闕疑，慎言其餘，則寡尤。」此為孔子教子張干祿之術，亦為問學之道、治學之法。文獻不足徵，可謂「文獻學上的無奈」，孔子對此亦無可奈何。現代學者往往不知闕疑之理，不明慎言之道，穿鑿附會，強作解人，動輒「原創」，此乃現代學術之通病，早已病入膏肓，無可救藥。

（二）文獻解詁

什麼是文獻？前人有種種解釋，代表性的觀點有：

1. 文獻即書與人。東漢鄭玄將「文獻」解釋為文章、賢才，南宋朱熹分疏「文獻」之義：「文，典籍也；獻，賢也。」〔註5〕文章典籍即通常所說的書，賢才指博學多聞、熟諳歷史掌故之人。現代學者進而大膽推闡孔子的「文獻」含義：

> 一是指歷史資料，包括古代典籍、檔案等；二是指熟悉歷史、掌故的人。亦即是一指被固化了的「死資料」，二是指尚未被記錄下來的存貯在人腦中的「活資料」。從深層意義上來分析，孔子所說的「文獻」著重指的是兩個方面：一方面著重指的是「書面信息」，另一方面著重指的是「非書面信息」。所謂「賢」者，是我國古代對人的敬稱，多指有才華的人。這時的「獻」，可以理解為：人的學識以及對歷史、典章制度等的記憶。「獻」是「文」之魂，「獻」是「文」之體。「獻」，猶重於「文」。「獻」的真諦，是指人類思維信息，包括知識、經驗、情趣等。〔註6〕

〔註4〕李澤厚：《論語今讀》，生活・讀書・新知三聯書店，2004年版，第75頁。
〔註5〕朱熹：《四書章句集注》，中華書局，1983年版，第63頁。
〔註6〕倪波等：《文獻學導論》，貴州科技出版社，2000年版，第9頁。

2. 文獻即書與言。元代馬端臨《文獻通考・自序》將文獻解釋為：

　　　　凡敘事，則本之經史，而參之以歷代會要，以及百家傳記之書，信而有證者從之，乖異傳疑者不錄，所謂文也。凡論事，則先取當時臣僚之奏疏，次及近代諸儒之評論，以至名流之燕談、稗官之紀錄，凡一話一言可以訂典故之得失、證史傳之是非者，則採而錄之，所謂獻也。

馬端臨將文與獻作為敘事與論事的依據：「文」是經、史、歷代會要及百家傳記之書；「獻」是臣僚之奏疏、諸儒之評論、名流之燕談、稗官之記錄。在他的影響之下，關於文獻的認識，便只限於一般的文字記載，不能表達為文字記載的東西，則不能稱之為文獻。顯然他已經將「文」、「獻」的差別縮小了〔註7〕。

3. 文獻即文學。章太炎以「文獻」釋「文學」。劉永濟云：「近人章氏太炎，務恢弘文域，考其論列，一切皆文。頗亦遠師舍人，可謂問家至大之域矣。」〔註8〕謝無量據章太炎論文編為《文學各科表》〔註9〕，表內經史子集無所不包，三教九流洗牌重組，有韻無韻皆在其中，圖書、表譜、簿錄、算草等無句讀之文亦榜上有名，章太炎心目中的「文學」已經與「文獻」混同為一。換言之，他完全將「文獻」與「文學」畫上等號。這可能與他博大的學風有關。

4. 文獻即書與口述。啟功認為：

　　　　我們由目錄來看古代都有些什麼書，這是文。但獻呢？沒法子，我有個朋友，他做錄音口述的歷史，這就是獻。用這辦法趕緊搶救這些老輩曾經經歷的事蹟，敘說了，用錄音把它錄下來，編成書，這個純粹屬「獻」的部分。對「獻」有兩個方面的誤解，認為「獻」定在「文」裏頭。比如故宮，有個單位現在叫檔案館，在成立之初稱文獻館，其實「獻」是沒有了，都不過是清代的許多檔案，現在把它都叫文獻，這是一個方面。清朝湖南人李桓編《耆獻類徵》，耆是老人，獻是賢人，意即老年的賢人分類的傳記，一沓沓，多得很。這是清人傳記的集，沒個完。後來清中期錢儀吉編《碑傳集》、《碑傳集補》、《碑傳續集》，現在還有人編碑銘集、墓誌傳，又

〔註7〕周文駿：《文獻交流引論》，書目文獻出版社，1986年版，第6頁。
〔註8〕劉永濟：《十四朝文學要略》，黑龍江人民出版社，1984年版，第9頁。
〔註9〕劉永濟：《十四朝文學要略》，黑龍江人民出版社，1984年版，第9～10頁。

出現了名人詞典，等等，都是獻。說是獻，事實還是文。真正口述才是獻的實際材料。現在人多不瞭解「獻」的含義。這樣的東西外國有，如《胡適口述自傳》，胡適在美國用口述自傳，他是用英文說的，唐德剛把它變成漢語寫下來。當時這樣的名人口述很多很多。古代的文獻，文是文字記載，獻是賢人，是活著的人記憶裏的古代的事情或他當時經過的事情。所以文和獻並稱，它的含義就寬得厲害，我們要研究，姑且把它合起來並稱。〔註10〕

按：李桓編《國朝耆獻類徵》720卷，輯錄清太祖努爾哈赤天命元年至清宣宗道光三十年230年間一萬多人的傳記資料，分19類。「真正口述才是獻的實際材料」，這種解釋較前人更為準確。口述史學在國外比較盛行。史家汪榮祖先生說：

> 近世錄音之具普及，在位者更可畢錄公言私語，鉅細靡遺矣。〔註11〕
>
> 近代史家則絕不容杜撰人言，而尚「文證之考信」（Critical examination of documentary evidence）。確實可據之文證，貴有「當時之紀錄」（Contemporary documentary），故無傳聞之失；復加考證，辨其真偽，衡其高低，據之作史，乃信而可徵。
>
> 文獻考證既為史學重鎮，風尚所趨，蔚成「檔案之熱」，發最原始之資料，以求其真。所謂「文獻無可取代，無文獻即無史之可言」（There is no substitute of documents；no documents，no history）。然文獻考證既求史之全、之真，或如蘭克所謂「記事須如其所發生」，而文證有限，史事難全，米什萊之撰《法國革命史》也，即感文獻難徵，惟有力搜言證，有云：「吾所謂史證者，乃採自眾人之口，無論農、商、老、幼、婦女，可聞之於鄉間酒肆、旅途驛站，始談晴雨節候，繼談物價飛漲，卒談及帝政與革命矣。」
>
> 雖然，米氏之言證，就文獻考證派視之，乃口耳相傳，難為信史之據，蓋口說無憑也。但近世錄音之具發達，則可存口言之真矣。英國廣播公司（BBC）於三十年代之始，即有「聲庫」之設，迄今早已汗牛充棟矣。至於「口述歷史」（oral history）亦日見通行，大

〔註10〕啟功：《啟功講學錄》，北京師範大學出版社，2005年版，第111～112頁。
〔註11〕汪榮祖：《史傳通說》，中華書局，2003年版，第8頁。

可實聲庫之富藏。實錄之「言證……不當可令史益為豐碩生動，亦更為可讀可信」。〔註12〕

近年來，口述史學被輸入到國內，也流行開來了。

5. 文獻即文字材料與活材料。李澤厚《論語今讀》將「文獻不足故也」解釋為「因為他們的文字材料和活材料太不充分了」，並加以引申發揮：「孔子講的古禮，都無法印證。自我作古，原意難尋，中國早有此解釋學傳統。君不見，中國傳統正是通過不斷的注、疏、解、說而一再更新麼？董仲舒、朱熹、王陽明以及其他許多大儒小儒，不都是這樣做的麼？他們不必另張旗號，別作他說，『不破不立』，而完全可以拭舊如新，推陳出新，這也就是『創造性的轉換』；至今似仍可以作為中國式的某種前進道路。」〔註13〕強調文字材料與活材料的相互印證，可謂妙解。董仲舒、朱熹、王陽明以及其他許多大儒小儒，在解釋原典時同樣會面對「文獻不足徵」的困境。漢儒規規焉，我注六經，不敢越雷池半步；宋儒往往六經注我，師心自用，偷樑換柱，販運私貨，美其名曰：「學苟知道，六經皆我注腳。」

總之，「文」的本義為文身，「獻」的本義為祭品，它們的引申如下：

文：文身──→文字──→典籍……書證──書面材料──文字材料

獻：祭品──→奉獻──→賢人……人證──口述歷史──活材料

自魏晉至隋、唐五代，史籍中除了封諡之號屢用「文獻」字樣外，少有關於「文獻」的語彙遺存。《宋史》中多有「文獻」與「文獻之家」的記載，元明時代也有類似記載。通過清代史籍已經可以看到，當時「文獻」已經成為通用語彙。〔註14〕《漢語大詞典》立了「文獻」與「文獻之家」兩個詞目：

文獻：有關典章制度的文字資料和多聞熟悉掌故的人。後專指有歷史價值或參考價值的圖書資料。

文獻之家：指博學多聞、熟悉典章掌故的人。〔註15〕

從歷史的角度來看，最初的「文獻」一詞大致相當於現在的「文獻」與「文獻之家」兩個詞，大約從金元之際開始裂變為「文獻」與「文獻之家」兩

〔註12〕汪榮祖：《史傳通說》，中華書局，2003年版，第9～11頁。

〔註13〕李澤厚：《論語今讀》，生活・讀書・新知三聯書店，2004年版，第86頁。

〔註14〕王子今：《20世紀中國歷史文獻研究》，清華大學出版社，2002年版，第2～4頁。

〔註15〕羅竹風主編：《漢語大詞典》，漢語大詞典出版社，1997年版，第6冊，第1546頁。

個詞，「文獻之家」的古義逐漸淡化，甚至消逝。此際，對於博學多聞、熟悉典章掌故的人往往贈以「文獻」的諡號，其實可以看作是「文獻之家」的縮稱。有人輕率對此舊注提出質疑：「竊以為『文獻』這個詞組，當解著上獻的書籍文章，不包含有賢人的意思。」〔註16〕有人竟然否定「獻」有「賢」之古訓，斷定孔子的文獻就是泛指一切圖書檔案資料〔註17〕。不明訓詁，不足為訓。著名中國哲學史專家陳來教授對這種詞源式的解釋也持懷疑態度，也未能深探歷史文化語義學之底蘊。

二、文獻新義

文獻新義較多，主要有以下幾種：

1. 指有歷史價值的圖書和文物資料。《辭海》、《辭源》皆持此說。有人對此持反對意見：「文物屬考古學的研究範圍，不應該把它包括在文獻的範圍之內。」〔註18〕

2. 為了把人類知識傳播開來和繼承下去，人們用文字、圖形、符號、聲頻和視頻等手段將其記錄下來：或寫在紙上，或曬在藍圖上，或攝製在感光片上，或錄製在唱片上，或存儲在磁盤上。這種附著在各種載體上的記錄，統稱為文獻。〔註19〕

3. 文獻：記錄有知識的一切載體。〔註20〕

4. 文獻是記錄信息與知識的一切人工附載物。〔註21〕

5. 文獻是記錄有信息、可作為存貯、利用或傳遞過程中一個單元處理的人工固態附載物。〔註22〕

6. 文獻（document，literature）：記錄有知識和信息的一切載體。由4個要素組成：（1）所記錄的知識和信息，即文獻的內容。（2）記錄有知識和信息的符號，文獻中的知識和信息是借助於文字、圖表、聲音、圖像等記錄下來並為人們所感知的。（3）用於記錄有知識和信息的物質載體，如竹簡、紙

〔註16〕邵勝定：《說文獻》，《文獻》，1985 年第 4 期。
〔註17〕朱建亮：《文獻信息學引論》，書目文獻出版社，1992 年版，第 34～36 頁。
〔註18〕張玉勤、趙玉鍾：《實用文獻學》，山西古籍出版社，1998 年版，第 3～4 頁。
〔註19〕李紀有等：《圖書館專業基本科目名詞解釋》，書目文獻出版社，1984 年版，第 2～3 頁。
〔註20〕《文獻著錄總則》GB3792.1-83。
〔註21〕倪波等：《理論圖書館學教程》，南開大學出版社，1986 年版，第 26 頁。
〔註22〕倪波等：《文獻學導論》，貴州科技出版社，2000 年版，第 2 頁。

張、膠卷、膠片等，它是文獻的外在形式。（4）記錄的方式和手段，如鑄刻、書寫、印刷、複製、錄音、錄像等，它們是知識、信息與載體的聯繫方式。〔註23〕

綜上所述，前一種說法否定「獻」有「賢」之古訓，在揚棄古義的基礎上開始與西文對接，涵化西學；後五種站在西學的立場上，突出了文獻的要素，大致可以歸納為「文獻三要素」：

1. 物質載體。這是文獻的外在形式。在世界是不同區域和時代，人們使用過不同的文獻載體。如古埃及的紙草文獻、古代兩河流域的泥板文獻、歐洲的洋皮文獻，我國古代的甲骨文獻、金文文獻、石刻文獻、簡帛文獻等。印刷術發明以後，紙質文獻在全世界廣泛使用。人類進入電子信息時代之後，電子文獻迅速席捲全球，「無紙化」的呼聲日益高漲。

2. 知識信息。這是文獻的內容。

3. 相應符號。它是連接文獻的內容與形式的橋樑。

至於記錄的方式和手段，如鑄刻、書寫、印刷、複製、錄音、錄像等，並不是文獻的要素，它們與其說是「知識、信息與載體的聯繫方式」，不如說是人類通過如此方式烙上文化的印記。

三、「文獻」釐定

「文獻」是如何完成從傳統到現代的轉換的？這只有從歷史文化語義學才能說明。「文獻」既是一個古老的舊詞，也是近代西學輸入後傳進來的一個新詞。漢語「文獻」在英語中大致對應的就有多種表述方式〔註24〕：

literature，來源於拉丁文 literture，多指科技文獻，後來泛指「文獻」，此外還有文學（作品）、文藝、著作等義。此詞大約出現在 1375 年。

document，來源於拉丁文 documentum。至遲出現於 1450 年，最早作為「教育」名詞使用，後來作為「文獻」使用，現在除了「文獻」外，還有公文、文件、文檔、檔案等義。

bibliography，可作為書目、書目提要、文獻來理解，亦可作目錄學、文獻學理解。源於希臘文「bibʌlovpaΦia」，最初意即「書（bibʌlov）的抄寫（tyΦau）」。印刷術發明以後，bibliography 又逐漸被解釋為「書的記錄」。1761 年以後，又

〔註23〕周文駿主編：《中國大百科全書·圖書館學情報學檔案學》，中國大百科全書出版社，1993 年版，第 465 頁。

〔註24〕倪波等：《文獻學導論》，貴州科技出版社，2000 年版，第 11 頁。

被解釋為「目錄學」。

我們推測，可能是日本人借用此一來自的漢字古詞「文獻」，沿襲並引申其固有含義，以對應西洋詞 document、literature、bibliography，成為現代通用的「文獻」一詞。當然，這一具體過程還有待進一步證實。但有一點可以肯定，「文獻」關鍵詞的確立，可以說是在古今演繹、中外對接的語用過程中實現的。〔註25〕

第二節　文獻學：從傳統到現代的拓展

「文獻」的新舊二義，決定了「文獻學」從傳統到現代的基本走向。

一、文獻學之成見

何謂文獻學？目前主要有以下六種觀點：

第一，文獻學即古文獻學。古文獻學家孫欽善先生認為：

> 古文獻學以研究古代文獻典籍的形式內容和整理它的各個環節為骨架，構築了所需要的古代語言文字、古籍目錄版本、校勘辨偽、輯佚、古代歷史文化等有關知識，以及運用這些知識解決實際問題的方法，形成了一個獨立的學科。〔註26〕

> 古文獻學是關於古文獻閱讀、整理、研究和利用的學問。中國浩如煙海的古文獻是中國古代文化的載體，其形式和內容兩方面的特點決定了古文獻學是個交叉、綜合的學科。古文獻就形式而言，包括語言文字和文本形態，涉及中國古代語言文字學和和古籍版本、目錄、校勘、輯佚、辨偽、編纂學等（其中目錄、輯佚、辨偽學又與內容有關）。就內容而言，分具體和抽象兩個方面，具體方面包括人物、史事、年代、名物、典制、天文、地理、曆算、樂律等，涉及自然和社會、時間和空間諸多方面的實在內容；抽象方面主要指思想內容，需要緊密結合語言文字和具體內容由淺入深地剖析探求。按學術性質來分，古文獻學又分考據學和義理學，有關形式方面的文字、音韻、訓詁、版本、目錄、校勘、輯佚、辨偽諸學

〔註25〕關於歷史文化語義學，可參考馮天瑜先生主編的《語義的文化變遷》（武漢大學出版社，2007年版）。

〔註26〕孫欽善：《中國古文獻學史簡編》，高等教育出版社，2001年版，第2頁。

以及有關內容的考實之學均屬考據學，有關思想內容的剖析探求屬義理學。〔註27〕

為求明晰，他又圖示如下：

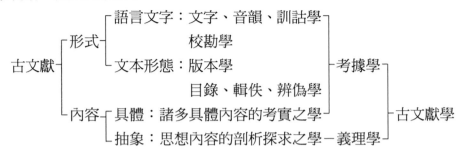

孫先生獨抱文獻究終始，豐碩成果傳四方，撰寫了《中國古文獻學史》、《中國古文獻學史簡編》、《中國古文獻學概論》、《中國古典文獻學文選》等書，建立了一個古文獻學的教學與研究體系。平心而論，其縱向發掘之功甚偉，而橫向綜括之力稍顯不足。「古文獻學＝考據學＋義理學」的公式頗為新穎，但考據、義理之爭至今未能停止，換言之，漢宋之爭還在進行之中。筆者認為，義理學建築在文獻基礎之上，但並不依附在文獻學之上，它早已獨立門戶，最好不要將其拉進文獻學的體系之中。有關思想內容的剖析探求之學與古文獻學早已分道揚鑣。中國思想史上的鉅人，有的甚至是學術史上的侏儒（如康有為）；中國學術史上的鉅人，往往是思想史上的侏儒（如乾嘉諸老）。像戴震那種兼具狐狸、刺蝟二型的學者實不多見。義理與考據確已分道揚鑣，分之雙美，合之兩傷。在某種程度上，「古文獻學＝考據學」倒是可以成立的。有人質疑考據學的合法性，認為考據只是一種方法與手段，是古文獻學研究的主要方法與手段。古文獻學是一門實證性的學問，講到底，它就是搞考證。考文徵獻，信而有徵。胡適形象生動地總結出考據學的口頭禪──「拿證據來！」文字、音韻、訓詁、版本、目錄、校勘、輯佚、辨偽諸學以及有關內容的考實之學無不強調證據，而義理學是不必拿證據的。只要言之成理，不必持之有故，過度詮釋也是可以的。

第二，文獻學即廣義的史學。近代文化鉅匠梁啟超認為：「明、清之交各大師，大率都重視史學，或廣義的史學，即文獻學。」〔註28〕將文獻學等同於廣義的史學，將文獻學的領域推至最大，因為廣義的史學範圍至廣，可謂無所

〔註27〕孫欽善：《中國古文獻學》，北京大學出版社，2006年版，第20頁。
〔註28〕梁啟超：《中國近三百年學術史》，上海古籍出版社，1998年版，第18頁。

不包。顯而易見，梁啟超沒有給文獻學劃定明確的界限。

第三，文獻學即傳統校讎學。王欣夫認為廣義的文獻學在課堂上是無法講授的，他堅持狹義的文獻學，他在《文獻學講義》一書中明確了三大主幹：「本課定為三個內容：一、目錄，二、版本，三、校讎。」〔註29〕《校讎廣義敘錄》云：「由版本而校勘，由校勘而目錄，由目錄而典藏，條理終始，囊括珠貫，斯乃向、歆以來治書之通例。」〔註30〕又在王欣夫的基礎上增加了典藏。文獻學即傳統校讎學，亦即治書之學，強調基本功。此說影響深遠。其實，自漢代劉向、劉歆父子以來，治書之學的範圍不斷擴大，並不限於目錄、版本、校讎與典藏，還涉及多門，如辨偽、輯佚、編纂、考證等。

第四，文獻學即國學。章太炎晚年在蘇州國學講習會的講稿，被弟子們整理為《國學講演錄》，所列目錄為：小學略說、經學略說、史學略說、諸子略說、文學略說。四部之外，將小學獨立。自今視之，《國學講演錄》完全可以易名為「文獻學概論」。王易《國學概論》分為經學、小學、哲學、史學四編，與章太炎相比，少了文學，也可易名為「文獻學概論」。

第五，文獻學即「豬跑學」。此說重視學習古代常識，係啟功之發明。《啟功講學錄》第三編的《整理者序》說：

　　啟功先生在北京師範大學所招碩士和博士的專業名稱被定義為古文獻學，但啟功先生對這一名稱並不十分贊同。他認為自己所講授的都是古代文化方面的常識，稱之為「學」就顯得大而空，實在有些不恰當。而「中國文化常識」一詞又似乎不能包括他所說的全部內容。於是，他就十分形象風趣地借用俗語所說「沒吃過豬肉總見過豬跑」的民諺，提出了「豬跑學」的概念。此語經過啟功先生的一些朋友的宣傳與解說，已經成為他對文獻學這門學科的非官方的生動全面的概括。

　　啟功先生認為「豬跑學」的內容是各種古代常識，而學習「豬跑學」的主要目的則是從事古籍整理。因此，本著使學生更好地學習和整理古代典籍這樣的非常實際的目的，啟先生從目錄、版本、校勘、書籍制度、文字、音韻、標點、注釋等方面，對前後幾屆學

〔註29〕王欣夫：《文獻學講義》，上海古籍出版社，1986 年版，第 4～5 頁。
〔註30〕程千帆、徐有富：《校讎廣義·版本編》卷首，齊魯書社，1998 年版，第 6～7 頁。

生進行了耐心細緻的講解和訓練。〔註31〕

北京大學中文系吳小如教授如是說：

　　啟功（元白）先生多年前即稱自己給學生開設的課程為「豬跑學」。其意若曰，有的人雖沒有吃過豬肉，總見過豬跑。這是元白先生的自謙之詞，指課程內容帶有啟蒙性質，旨在教給學生關於文史方面的一些基本知識。而這一類所謂「常識」課，在目前各大學文史諸系本科的課程中早已不開，甚至連授課的老師對這方面的知識也不甚了了。但人們總以為這是些雞毛蒜皮的瑣細末節，知道與否無關重要。於是社會上才出現了稱別人的父親為「家父」、稱自己的父親為「乃父」這樣的硬傷。說起來看似小事，卻恰恰暴露出社會群體文化素質的嚴重欠缺。有的讀者希望《文史知識》月刊多發表一些普及性文章，我看這方面大有可為。故鄭重建議，希望能加強力度並長抓不懈地弘揚元白先生所倡導的「豬跑學」。

　　我寫此小文，是由於 2002 年 8 月號《文史知識》上刊載的丹晨兄一篇題為《用錯「家書」》的隨筆而引起的。從丹晨的文章中，我更體會到兩點：一、編輯先生和「有關人員」對「家書」的概念和範圍根本不清楚，連這種「沒有什麼可以討論的」常識，都一無所知，還說什麼「我們有意擴大了家書的範圍」，足見其文化素質的匱乏；二、當有人善意地指出某人在文章或言談中出現某處硬傷時，其第一反應乃是「文過飾非」，即找出託詞來護短，而缺乏從善如流的精神和虛懷若谷的態度。這後一種毛病似乎比出現硬傷本身更加嚴重，更令人擔憂害怕。其實丹晨所談也還不是「個案」。某名牌大學一位專治文史的教授竟把陳寅恪先生悼念王國維的詩文說成「悼亡」之作，不也是「擴大了範圍」，把「悼念亡妻」這一專用名詞「擴大」為「悼念亡友」了麼？

　　至於「學術警察」或「文化警察」的說法，那是若干年前某些人讀了具有訂訛糾錯內容的拙文而感到心裏不平衡，才把這頂帶有諷刺意味的「桂冠」加在本人頭上的。2000 年北大校慶時，丹晨他們那一年級的校友返校，邀我出席並囑我講話，我隨口說起自己這件「榮膺桂冠」的事。散會後有好幾位同志都對我說：「先生這個

────────────

〔註31〕啟功：《啟功講學錄》，北京師範大學出版社，2005 年版，第 109 頁。

『警察』一定要堅持當下去。」拜讀了丹晨兄的文章，一方面感到
「吾道不孤」，一方面正如丹晨兄所說，面對這種到處出現「硬傷」
的文化滑坡現象，卻是焦慮與失望兼而有之。我想，正如對待社會
上各種不正之風和違章違紀現象一樣，單靠少數公安人員來進行糾
錯是無論如何也忙不過來的，何況真正的警察有職有權，而我們這
種耍筆桿子的「警察」是「光說不練」的，倘那些筆下出現「硬傷」
的先生一味「虛心接受」而「堅持不改」，你縱寫出千言萬語也是無
濟於事。要想真正「力挽狂瀾」，還須大家都來重視，集思廣益進行
「綜合治理」，或於事不無小補。此即我之所以呼籲要積極弘揚啟老
所講的「豬跑學」之故也。〔註32〕

　　啟功用「豬跑學」一詞指稱文獻學，睿智幽默，形象風趣，啟人茅塞，益
人心智。「沒吃過豬肉」，謙虛地講自己沒有學問。到底他有沒有學問，是不是
大師，我們姑且不論。「總見過豬跑」，指他曾親炙陳垣，耳濡目染，多少也知
道一點做學問的門徑。

　　第六，文獻學即大文獻學。潘樹廣認為，現代文獻學與古典文獻學相異
相通，從時間上分，有古典文獻學、近代文獻學、現代文獻學，從地域分則
有中國文獻學、外國文獻學，從內容分有普通文獻學、專科文獻學。按其劃
分，歷史文獻學屬專科文獻學。並指出「在相當長的時間裏，古典文獻學與
現代文獻學兩支學術隊伍處於劃疆而治的狀態，他們有各自的研究機構和出
版物，缺少溝通。在學科歸屬上，則長期處於分割與游移的狀態」，應建立
「將古典文獻學與現代文獻學融為一體的廣義的文獻學。它以古今文獻和文
獻工作為對象，研究文獻的產生、發展、整理、傳播、利用及其一般規律。它
的研究內容，有理論研究、應用研究和歷史研究三個方面」。〔註33〕於鳴鏑
主張與傳統「文獻學」相區別，「大文獻學」體系包括文獻生產學、文獻流通
學、文獻整序學和文獻利用學。其學科結構，從時間上劃分有古典文獻學、
近代文獻學、現代文獻學；從地域上劃分有中國文獻學、外國文獻學；從內
容上劃分有普通文獻學、專科文獻學（文獻類型學、文獻信息學、文獻傳播
學、文獻分類學、文獻編目學、文獻計量學、文獻流通學、科技文獻學、社

〔註32〕吳小如：《積極弘揚「豬跑學」》，《文史知識》，2003 年第 2 期。
〔註33〕潘樹廣：《大文獻學散論》，《圖書館工作與研究》，2000 年第 3 期；《論古典文
　　　　獻學與現代文獻學的交融》，《蘇州大學學報》，2000 年第 4 期。

科文獻學）；從過程上劃分有文獻生產學、文獻流通學、文獻整序學、文獻利用學等〔註34〕。

此外，我們還可以列舉幾種有代表性的說法：

謝灼華認為，文獻工作是考證典籍源流、闡述學術源流、分析書籍類別、辨析史料價值和內容，提供學術資料的基本內容。研究文獻的收集、整理、分析和利用的科學，可稱為文獻學。

洪湛侯在《古典文獻學的重要課題──兼論建立文獻學的完整體系》一文中，明確提出了文獻學是關於文獻研究和整理的一門學問，他按照四大版塊體（文獻形體）、法（文獻整理方法）、史（文獻學歷史）、論（文獻學理論）建構其《中國文獻學新編》一書〔註35〕。

邱均平認為，文獻學是以文獻體系和文獻工作系統為研究對象，研究文獻情報資源的分布、結構、功能和文獻管理及利用的一般規律的科學。〔註36〕

林申清認為，文獻學是以文獻和文獻工作研究為對象，以文獻的產生、發展、搜集、整理、傳遞及規律為主要內容的應用科學。〔註37〕

謝灼華、洪湛侯的觀點傾向於傳統，邱均平、林申清立足於現代。邱均平所言文獻學還主要指文獻計量學，不足以概文獻學之全。

陳譽等人認為，文獻學（documentation science；documentics）是以文獻和文獻發展規律為研究對象的一門科學。研究內容包括：文獻的特點、功能、類型、生產和分布、發展規律、文獻整理方法及文獻與文獻學發展歷史等。〔註38〕

總之，以上各家各派，自成方圓，他們都從各自的角度促進了文獻學研究的繁榮，推動了文獻的發展。當然，各家之說也都有其侷限，為後來者留下了繼續思考與探索的空間。

二、文獻學之我見

中國古代雖無「文獻學」一詞，但「文獻之學」始見於明初。宋濂《文憲集》卷二十三《進賢朱府君碣》云：「夢炎晝夜奮勵，雖寐不敢忘學，既成，

〔註34〕於鳴鏑：《試論大文獻學》，《再論大文獻學》，《圖書館工作與研究》，2000 年第 1、6 期。

〔註35〕洪湛侯：《中國文獻學新編》，杭州大學出版社，1994 年版，第 2～3 頁。

〔註36〕邱均平：《文獻計量學》，科技文獻出版社，1988 年版，第 1 頁。

〔註37〕林申清：《現代文獻學定義綜述》，《大學圖書館學報》，1990 年第 1 期。

〔註38〕周文駿主編：《中國大百科全書·圖書館學情報學檔案學》，中國大百科全書出版社，1993 年版，第 490 頁。

登至正辛卯進士第。夢炎通歷代文獻之學，如指諸掌，禮樂家賴之。」明俞汝楫《禮部志稿》卷五十一《尚書朱夢炎》云：「夢炎博學善記，通歷代文獻之學，如指諸掌。朝廷稽古，議禮審學，皆有力焉。」《明史》卷一三六：「朱夢炎字仲雅，進賢人。元進士，為金溪丞。太祖召居賓館，命與熊鼎集古事，為質直語，教公卿子弟，名曰《公子書》。洪武十一年，自禮部侍郎進尚書。帝方稽古右文，夢炎援古證今，剖析源流，如指諸掌。文章詳雅有根據，帝甚重之，卒於官。」可見，「文獻之學」指有關中國古代典章制度之學術，與後來的「文獻學」迥然不侔。中國自古並沒有一門專門的「文獻學」，但歷代學者在開展學術研究的同時，進行了大量文獻整理和研究工作，歷代文獻收藏家也積累了豐富的經驗。從中國古代文獻研究的情況來看，其內涵比較廣泛，除研究一般的文獻發展史外，還涉及文字的校訂，版本的鑒別，對內容得失的品評及目錄的編製等。

　　文獻學向來有「傳統」和「現代」之分。中國傳統文獻學源遠流長，如漢代劉向、劉歆父子校理群書，編纂《別錄》、《七略》，開創了目錄、版本、校勘三位一體的古典文獻學，孫德謙《劉向校讎學纂微》一書概括了劉向校讎學的 23 項方法：備眾本、訂脫誤、刪重複、條篇目、定書名、謹編次、析內外、待刊改、分部類、辨異同、通學術、敘源流、究得失、撮指意、撰序錄、述疑似、準經義、徵史傳、闕舊流、增佚文、考師承、紀圖卷、存別義。鄭玄「囊括大典，磨鑢眾說，芟裁繁蕪，刊正漏誤，要其指歸，是定音韻，區別章句，精覈名數，稽考經制，範圍法象，申明義理，號鄭氏學，最為折衷」〔註39〕。南宋鄭樵《通志‧校讎略》最早以專著形式系統討論文獻學的理論。清中期章學誠的「校讎心法」集中反映在《校讎通義》一書中，他揭示了校讎學的宗旨就是「辨章學術，考鏡源流」。現代的余嘉錫、張舜徽、程千帆等先生雖各有開拓和補充，但其基本體系是一脈相承的。其主要研究對象是文、史、哲方面的古代典籍。

　　中國現代文獻學，則是近年來在西文學術思想影響下逐步形成的。古典文獻學與現代文獻學有明顯的差異。潘樹廣發現了它們的共同點：研究的對象都是知識的載體——文獻，研究的內容都是文獻的搜集、加工、傳播和利用。古典文獻家利用計算機網絡，大大提高了檢索能力，改變了往日以手工檢索的低效局面；現代文獻家所接觸的文獻，常常涉及到傳統文化的內容，豐富

〔註39〕元郝經：《續後漢書》卷六十五。

了傳統文化素養，可以保障研究工作的順利進行。兩者互補，相得益彰。於是欲貫通古典文獻學和現代文獻學，建構其大文獻學的新體系。當然，也有人存疑，如董恩林主編的《中國傳統文獻學概論》將文史學界所謂「文獻學」嚴格界定在「傳統的」、「古代的」意義上，與現代圖書情報系統的「文獻學」（即「現代文獻學」）區別開來，認為無論是文學界的「古典文獻學」，還是史學界的「歷史文獻學」，其「古典」、「歷史」都是「古代」、「傳統」的意思，指的都是由校讎學發展而來的傳統文獻學。

漢語「文獻學」在西文中沒有確切的對應詞。1807 年出現的 bibliology 一詞是指研究圖書歷史及圖書紙張、印刷等各方面內容的學科，在中國多譯為「圖書學」；1814 年出現的 bibliolography 一詞除「目錄學」和「文獻目錄」兩個含義外，還指研究著作或出版物物質形態和版本流傳等內容的學科，在中國也譯為「文獻學」。documentation 一詞是在 1870 年首先在法語中使用的，該詞除用於商業外，還指利用文獻提供、鑒定事實或例證。1938 年國際文獻聯合會將 documentation 定義為：對人類各活動領域的文獻收集、分類和傳播。迄今為止，「文獻學」在國際上尚無一個為各國普遍接受定義。

文獻學既是一門古老的傳統學問，也是一門年輕的現代學術，對文獻學的研究對象、內容、特點及定位，迄今還沒有公認的結論。關注傳統文獻學與現代文獻學的巨大差異性，這可以說是目前文獻學研究上的一個難解的「結」。我們處在從傳統向現代轉折點上，不同的經歷可能有不同的視角，也會得出不同的結論。筆者最初學習中文，始則由傳統文獻學入門，繼而在圖書館學系深造，受到現代文獻學的洗禮，後來又進入中文站，這種複雜獨特的求學之路，讓我不斷地轉換腳色，不斷地調整思路。近來轉俗歸真，不遠而復，重新回到傳統文獻學的軌道上。這次回歸絕不是簡單的重走老路，而是在痛苦的思索中有所發現，有所創造。傳統文獻學側重於文獻「整理研究」，「現代文獻學」側重於文獻「開發利用」。兩者既有聯繫，也有區別；既要求同，又要存異；既需交融，亦不宜合一。筆者以為，傳統文獻學與現代文獻學短期內難以融為一體，文獻學還處於從傳統向現代轉換的過程中，創建「大文獻學」暫時還不具備條件。

下面簡要表述文獻學之私見，不當之處，敬請大家指正。

（一）研究對象

文獻學的研究對象是文獻。現在學界普遍將文獻學的研究對象預設為「古

籍的文本」或「古籍整理的各個環節」，導致文獻學教材的編纂落入俗套。

此外，古文獻學的研究對象是古文獻，現代文獻學的研究對象是現代文獻。古文獻與現代文獻還存在鴻溝，短期內還難以填平。

（二）研究範圍

包括文獻的分類、源流、形制、版本、功用、辨偽、編目、編纂、收藏等。普通文獻學與專科文獻學應該各有側重，前者關注文獻的理論性問題，如文獻的分類、源流等，後者重點研究形制、版本、功用、辨偽、編目、編纂、收藏等。如此，普通文獻學方可避免漫無邊界之弊端，專科文獻學亦可得到充足的發展。

（三）研究內容

文獻學本來有「普通」和「專科」之分。普通文獻學主要研究文獻本身，如理清文獻分類，辨析史料價值和內容，考證典籍源流，闡明學術流變。專科文獻學可以在各自的領域精耕細作，樹立典範。一般將專科文獻學作為文獻學的分枝學科，導致文獻學表面上不斷膨脹，實質上無法深入研究，其實是不妥的。

（四）研究任務

普通文獻學的任務主要是考鏡源流，辨章學術，最終為中國古典學的研究提供堅實可靠的平臺。「辨章學術，考鏡源流」，這本是中國古典目錄學的優良傳統，但現代目錄學家已經主動繳械，自動棄權，基本喪失了「辨章學術，考鏡源流」的話語權。廣義的古典目錄學實際上就是文獻學，張舜徽、程千帆等先生的廣校讎之學正屬此類，他們做了大量的工作，使文獻學的這一傳統不至中斷，功莫大焉。我們將「接著說」，明確地將「辨章學術，考鏡源流」八個大字作為文獻學的研究任務，既收復了失地，也繼承了傳統。辨章中華學術，考鏡文獻源流，這是一項光榮而神聖的使命。具體來說，主要有以下幾點：以學術分類為先導，重視解題工作，疏通古今源流，重估史料價值。

專科文獻學有各自的研究任務，如校勘學的任務是總結歷代學者校勘古籍的經驗和教訓，研究校勘古籍的法則和規律，以指導校勘實踐〔註40〕；訓詁學的研究任務是對零散的、感性的訓詁現象作理論上的歸納和總結，揭示規律，闡述義例，總結方法和手段，用以指導訓詁實踐。當然，專科文獻學的研

〔註40〕管錫華：《校勘學》，安徽教育出版社，1991年版，第5頁。

究任務可以視為普通文獻學的具體任務。在專科文獻學已經逐漸成熟的今天，其具體任務還是由它們自身完成為好，否則，普通文獻學難以承受如此繁重的任務。俗語說得好：「戴著石磨跳舞，人又吃了虧，戲又不好看。」各行其道，則可免撞車。

（五）研究方法

1. 文獻考證法

文獻研究需要證據。證據充分，結論才可能穩妥可靠。前人把出色的研究比喻成「老吏斷獄」，因為證據充分、推理嚴密，所得出的結論成為不可推翻的鐵案。學術研究如同斷獄一樣，最忌孤證。

2. 二重證據法

王國維在清華研究院提出了考證古史必須適用「二重證據法」，即把傳世的古籍和地下發掘的材料互相印證，他在《古史新證·總論》中說：「吾輩生於今日，幸於紙上之材料外，更得地下之新材料。由此種新材料，我輩得據以補正紙上之材料，亦得證明古書之某部分全為實錄，即百家不馴之言亦無不表示一面之事實。此二重證據法，惟在今日始得行之。雖古書之未得證明者不能加以否定，而其已得證明者不能不加以肯定，可斷言也。」在真正意義考古學沒有進入中國以前，我國學者大體上在文獻資料中兜圈子，所以難免信古太甚或疑古過頭，自從王氏提出「二重證據法」，以考古材料與古文獻結合起來探求古史的真面目，才有可能克服盲目信古和過分疑古的缺陷。王國維是用歷史學研究的方法考證文獻，陳直則是用文獻學研究的方法考證歷史，只有于省吾是用文獻學研究的方法考證文獻。〔註41〕

3. 三重證據法

（1）陳寅恪總結的「三重證據法」。陳寅恪曾在《王靜安先生遺書序》中總結王國維研治古史的方法有三：①「取地下之實物與紙上之遺文互相釋證」，②「取異族之故書與吾國之舊籍互相補證」，③「取外來之觀念與固有之材料互相參證」。「釋證—補證—參證」，有人認為是「三重證據法」。

（2）楊向奎的「三重證據法」。即文獻、考古和民族學相結合的方法。他在《管子新探序》中說：「陳寅恪先生謂王國維先生治學之特點，是以古器物與古文獻相結合，因而成績斐然。但今日視之，仍有不足，必須與民族學結

〔註41〕馮勝君：《二十世紀古文獻新證研究》，齊魯書社，2006年版，第6頁。

合。文獻、考古和民族學之綜合研究，遂為治中國古代史之不可缺者。」今按：「二重證據法」乃王國維自己總結，並非出自陳寅恪。

（3）葉舒憲的三重證據法。葉舒憲以《人類學「三重證據法」與考據學的更新》一文作為《詩經的文化闡釋》一書的「自序」，正式提出了「三重證據法」。三重證據是指傳世文獻與考古材料之外的文化人類學所提供的域外的、原始的、民族的、民俗的資料。鄧喬彬認為「三重證據法」的名詞或可質疑，但用文化人類學來「破譯」古代文化所取得的實績確實是令人振奮的。若不為名詞所限，本著聞一多、鄭振鐸等前輩學者的開創精神，在當代學者勇於探索的啟發下，儘管不採用「三重證據法」的說法，或不限於文化人類學的方法，但沿著文化學的研究路子，應該可以在古代文學的研究中繼續有所創造，有所建樹。

（4）毛佩琦又提倡歷史研究中的「三重證據法」。傳統的史學研究所引用的證據大都出自傳世文獻。「二重證據法」在方法上與傳統史學對於證據的處理相銜接，即尊重傳統史學，又擺脫了傳統史學的侷限，是由傳統史學向近代史學的一項重要變革。他的第三重證據是社會調查。社會調查作為一種研究方法，在社會學、人口學、人類學、經濟學等等學科中被廣泛運用，但一直很少將其與歷史學相聯繫，或者說一直沒有明確將其作為史學研究的一種方法。〔註42〕

4. 五重證據法

饒宗頤在《古史重建與地域擴張問題》一文中說：「余所以提倡三重史料，較王靜安增加一重者，因文物之器物本身，與文物之文字記錄，宜分別處理；而出土品的文字記錄，其為直接史料，價值更高，尤應強調它的重要性。」〔註43〕他是在二重證據法的基礎上，將考古材料又分為兩部分——考古資料和古文字資料。最近，李學勤解釋說，饒宗頤已由三重證據擴充到五重證據：「五重證據分為直接證據和間接證據。直接證據首先是文獻，文獻又分為經典材料和甲骨金文材料，其次是實物，即考古學資料，間接證據則是民族學資料與異邦古史資料。只計直接證據，是三重，加上間接證據，是五重。」〔註44〕

〔註42〕《科學時報》，2006 年 11 月 16 日。
〔註43〕饒宗頤：《新出土文獻論證》，上海古籍出版社，2005 年版，第 67～68 頁。
〔註44〕李學勤：《讀〈饒宗頤二十世紀學術文集〉》，《光明日報》，2010 年 6 月 1 日。

第三節　文獻學編纂模式的調整

一、文獻學編纂的現有模式

　　由鄭鶴聲、鄭鶴春兄弟合撰的《中國文獻學概要》寫於 1928 年，1930 年出版。這是一部中國文獻學的開山之作，導言之外，分結集、審訂、講習、翻譯、編纂和刻印六章。《例言》稱：「結集、翻譯、編纂諸端，謂之文，審訂、講習、刻印諸端，謂之獻。」如此界定，可謂自我作古。結集包括著錄與分類，審訂即校理與審查，編纂和刻印，此四端皆為文獻學的主要內容，但又將講習、翻譯作為文獻學的體系，並沒有得到後來者的效法。講習乃中國學術史、教育史的研究對象，翻譯後來亦獨立成學。

　　20 世紀 50 年代，王欣夫《文獻學講義》開創了「文獻學＝目錄學＋版本學＋校勘學」的新體系。20 世紀 80 年代，文獻學教材如雨後春筍，主要有：

　　張舜徽：《中國文獻學》，鄭州：中州書畫社，1982 年版。

　　吳楓：《中國古典文獻學》，濟南：齊魯書社，1982 年版。

　　王欣夫：《文獻學講義》，上海：上海古籍出版社，1986 年版。

　　羅孟禎：《古典文獻學》，重慶：重慶出版社，1989 年版。

　　倪波：《文獻學概論》，南京：江蘇教育出版社，1990 年版。

　　周彥文主編：《中國文獻學》，臺灣：五南圖書出版有限公司，1993 年版。

　　洪湛侯：《中國文獻學新編》，杭州：杭州大學出版社，1994 年版。

　　孫欽善：《中國古文獻學史》，北京：中華書局，1994 年版。

　　遲鐸、黨懷興：《中國古典文獻學綱要》，西安：陝西人民教育出版社，1995 年版。

　　王燕玉：《中國文獻學綜說》，貴陽：貴州人民出版社，1997 年版。

　　張玉勤、趙玉鍾：《實用文獻學》，太原：山西古籍出版社，1998 年版。

　　陳界、張玉剛主編：《新編文獻學》，北京：軍事醫學科學出版社，1999 年版。

　　熊篤、許廷桂：《中國古典文獻學》，重慶：重慶出版社，2000 年版。

　　潘樹廣等：《文獻學綱要》，桂林：廣西師範大學出版社，2000 年版。

　　孫欽善：《中國古文獻學史簡編》，北京：高等教育出版社，2001 年版。

　　杜澤遜：《文獻學概要》，北京：中華書局，2001 年版。此書最劣。最下最傳，異哉！

　　劉青松：《中國古典文獻學概要》，長沙：湖南大學出版社，2002 年版。

張三夕：《中國古典文獻學》，武漢：華中師範大學出版社，2003 年版。

牟玉亭：《中國古典文獻學》，北京：社會科學文獻出版社，2005 年版。

張大可、俞樟華主編：《中國文獻學》，福州：福建人民出版社，2005 年版。

孫欽善：《中國古文獻學》，北京：北京大學出版社，2006 年版。

董恩林主編：《中國傳統文獻學概論》，武漢：華中師範大學出版社，2008 年版。此書已有新意。

上述普通文獻學的編纂模式大致可以歸納為「什錦拼盤」：

　　　文獻學＝目錄學＋版本學＋校勘學＋辨偽學＋輯佚學＋考據學

　＋編纂學＋文字學＋訓詁學＋音韻學＋……

這種「什錦拼盤」結構模式頗為盛行，至今方興未艾，但也值得懷疑。因為文獻學各分支學科均已獨立門戶，且專著甚多。下面我們選擇性地介紹有關情況。

（一）關於目錄學的著作

呂思勉：《經子解題》，上海：商務印書館，1923 年版。

杜定友：《圖書目錄學》，上海：商務印書館，1923 年版。

姚名達：《目錄學》，上海：商務印書館，1933 年版。

汪辟疆：《目錄學》，上海：商務印書館，1934 年版。

姚名達：《中國目錄學史》，上海：商務印書館，1938 年版；上海：上海古籍出版社，2002 年版。

余嘉錫：《目錄學發微》，北京：中華書局，1963 年版；成都：巴蜀書社，1989 年版。

張舜徽：《廣校讎略》，北京：中華書局，1963 年版。

昌彼得：《中國目錄學講義》，臺北：文史哲出版社，1973 年版。

來新夏：《古典目錄學淺說》，北京：中華書局，1981 年版。

武漢大學、北京大學合編：《目錄學概論》，北京：中華書局，1982 年版。

羅孟禎：《中國古代目錄學簡編》，重慶：重慶出版社，1983 年版。

徐召勳：《學點目錄學》，合肥：安徽教育出版社，1983 年版。

李日剛：《中國目錄學》，臺灣：明文書局，1983 年版。

呂紹虞：《中國目錄學史稿》，合肥：安徽教育出版社，1984 年版。

王重民：《中國目錄學史論叢》，北京：中華書局，1984 年版。

陳秉才等：《中國歷史書籍目錄學》，北京：書目文獻出版社，1984 年版。

許世瑛：《中國目錄學史》，臺灣：中國文化大學出版部，1986 年版。

謝灼華：《中國文學目錄學》，北京：書目文獻出版社，1986 年版。

昌彼得等：《中國目錄學》，臺北：文史哲出版社，1986 年版。

胡楚生：《中國目錄學研究》，臺北：華正書局，1987 年版。

申暢：《中國目錄學家傳略》，鄭州：中州古籍出版社，1987 年版。

曹慕樊：《目錄學綱要》，重慶：西南師範大學出版社，1988 年版。

張舜徽：《漢書藝文志通釋》，武漢：湖北教育出版社，1990 年版。

程千帆、徐有富：《校讎廣義·目錄編》，濟南：齊魯書社，1991 年版。

來新夏：《古典目錄學》，北京：中華書局，1991 年版。

喬好勤：《中國目錄學史》，武漢：武漢大學出版社，1992 年版。

高潮：《中國法制古籍目錄學》，北京：北京古籍出版社，1993 年版。

周彥文：《中國目錄學理論》，臺灣：學生書局，1995 年版。

周少川：《古籍目錄學》，鄭州：中州古籍出版社，1996 年版。

高路明：《古籍目錄與中國古代學術研究》，南京：江蘇古籍出版社，1997 年版。

程千帆、徐有富：《校讎廣義·目錄編》，濟南：齊魯書社，1998 年版。

柯平：《文獻目錄學》，開封：河南大學出版社，1998 年版。

余慶蓉、王晉卿：《中國目錄學思想史》，長沙：湖南教育出版社，1998 年版。

倪士毅：《中國古代目錄學史》，杭州：杭州大學出版社，1998 年版。

李致忠：《三目類序釋評》，北京：北京圖書館出版社，2002 年版。

王錦貴主編：《中國歷史文獻目錄學》，北京：北京大學出版社，2003 年版。

彭斐章主編：《目錄學教程》，北京：高等教育出版社，2004 年版。

劉咸炘：《劉咸炘論目錄學》，上海：上海科學技術文獻出版社，2007 年版。

（二）關於版本學的著作

葉德輝：《書林清話》，長沙：觀古堂自刻本，1912 年版；北京：古籍出版社，1957 年版。

錢基博：《版本通義》，上海：商務印書館，1931 年版；北京：古籍出版社，1957 年版。

孫毓修：《中國雕版源流考》，上海：商務印書館，1934 年版。

陳國慶：《古籍版本淺說》，瀋陽：遼寧人民出版社，1957 年版。

毛春翔：《古書版本常談》，上海：上海人民出版社，1965 年版。

趙萬里等：《中國版刻圖錄》，北京：文物出版社，1960 年版。

李清志：《圖書版本鑒定研究》，臺灣：文史哲出版社，1980 年版。

魏隱儒等：《古書版本鑒定叢談》，北京：印刷工業出版社，1984 年版。

施廷鏞：《中國古籍版本概要》，天津：天津古籍出版社，1987 年版。

戴南海：《版本學概論》，成都：巴蜀書社，1989 年版。此書甚劣。

嚴佐之：《古籍版本學概論》，上海：華東師範大學出版社，1989 年版。劣。

屈萬里、昌彼得：《圖書版本學要略》，臺灣：中國文化大學出版部，1989 年版。

李致忠：《古書版本學概論》，北京：書目文獻出版社，1990 年版。

程千帆、徐有富：《校讎廣義・版本編》，濟南：齊魯書社，1991 年版。

陳宏天：《古籍版本概要》，瀋陽：遼寧教育出版社，1991 年版。

曹之：《中國古籍版本學》，武漢：武漢大學出版社，1992 年版。

姚伯岳：《版本學》，北京：北京大學出版社，1993 年版。

徐國仟：《版本學》，北京：中國醫藥科技出版社，1994 年版。

盧賢中：《古代刻書與古籍版本》，合肥：安徽大學出版社，1995 年版。

李澤奉、劉如仲主編：《版本古籍鑒賞與收藏》，長春：吉林科學技術出版社，1996 年版。

魏隱儒：《古籍版本鑒賞》，北京：北京燕山出版社，1997 年版。

李致忠：《古書版本鑒定》，北京：文物出版社，1997 年版。

李致忠：《宋版書敍錄》，北京：北京圖書館出版社，1997 年版。

陳先行、王世偉主編：《中國古籍稿抄校本圖錄》，上海：上海書店出版社，2000 年版。

吉文輝：《中醫古籍版本學》，上海：上海科技出版社，2000 年版。

王大妹：《中醫古籍版本學》，上海：上海科技出版社，2000 年版。

張麗娟、程有慶：《宋本》，南京：江蘇古籍出版社，2002 年版。

陳紅彥：《元本》，南京：江蘇古籍出版社，2002 年版。

黃裳：《清刻本》，南京：江蘇古籍出版社，2002 年版。

王桂平：《家刻本》，南京：江蘇古籍出版社，2002 年版。

黃鎮偉：《坊刻本》，南京：江蘇古籍出版社，2002 年版。

徐憶農：《活字本》，南京：江蘇古籍出版社，2002 年版。

姜德明：《新文學版本》，南京：江蘇古籍出版社，2002 年版。

李際寧：《佛經版本》，南京：江蘇古籍出版社，2002 年版。

黃潤華、史金波：《少數民族古籍版本：民族文字古籍》，南京：江蘇古籍出版社，2002 年版。

李致忠：《古籍版本知識 500 問》，北京：北京圖書館出版社，2004 年版。

姚伯岳：《中國圖書版本學》，北京：北京大學出版社，2004 年版。

黃永年：《古籍版本學》，南京：江蘇教育出版社，2005 年版。劣。

曹之：《中國古籍版本學》第二版，武漢：武漢大學出版社，2007 年版。

（三）關於校勘學的著作

孫德謙：《劉向校讎學纂微》，出版地不詳：四益館，1923 年版。

陳垣：《校勘學釋例》，北京：中華書局，2004 年版。

劉咸炘：《續校讎通義》，出版地不詳：劉氏自刻本，1928 年版。

杜定友：《校讎新義》，上海：中華書局，1930 年版。

胡樸安：《校讎學》，上海：商務印書館，1931 年版。

蔣元卿：《校讎學史》，上海：商務印書館，1935 年版；合肥：黃山書社，1985 年版。

蔣伯潛：《校讎目錄學纂要》，北京：北京大學出版社，1990 年版。

胡樸安：《古書讀校法》，合肥：安徽教育出版社，1985 年版。

張舜徽：《中國古代史籍校讀法》，上海：上海古籍出版社，1962 年版。

吳孟復：《古書讀校法》，合肥：安徽教育出版社，1983 年版。

戴南海：《校勘學概論》，西安：陝西人民出版社，1986 年版。

倪其心：《校勘學大綱》，北京：北京大學出版社，1987 年版。

錢玄：《校勘學》，南京：江蘇古籍出版社，1988 年版。

王雲海等：《校勘述略》，開封：河南大學出版社，1988 年版。

管錫華：《校勘學》，合肥：安徽教育出版社，1991 年版。

林艾園：《應用校勘學》，上海：華東師範大學出版社，1997 年版。

程千帆、徐有富：《校讎廣義·校勘編》，濟南：齊魯書社，1998 年版。

管錫華：《漢語古籍校勘學》，成都：巴蜀書社，2003 年版。

張湧泉、傅傑：《校勘學》，南京：江蘇教育出版社，2008 年版。

（四）關於辨偽學的著作

顧頡剛主編：《古史辨》，北平：樸社，1926～1941 年版；上海：上海古籍出版社，1982 年版。

顧實：《重考古今偽書考》，上海：大東書局，1928 年版。

劉汝霖：《周秦諸子考》，北平：文化學社，1929 年版。

馬念祖：《偽書舉例》，北平：蟫吟社，1933 年版。

江俠庵譯：《先秦經籍考》，上海：商務印書館，1933 年版。

梁啟超：《古書真偽及其年代》，揚州：江蘇廣陵古籍刻印社，1990 年版。

張心澂：《偽書通考》，上海：商務印書館，1939 年初版；北京：商務印書館，1957 年修訂本。

顧頡剛主編：《古籍考辨叢刊》第一集，北京：中華書局，1955 年版；北京：社會科學文獻出版社，2010 年版。

黃雲眉：《古今偽書考補證》，濟南：齊魯書社，1980 年版。

鄭良樹：《續偽書通考》，臺北：學生書局，1984 年版。

余嘉錫：《古書通例》，上海：上海古籍出版社，1985 年版。

鄭良樹：《古籍辨偽學》，臺北：學生書局，1986 年版。

傅兆寬：《梅鷟辨偽略說及尚書考異證補》，臺北：文史哲出版社，1988 年版。

林慶彰：《清初的群經辨偽學》，臺北：文津出版社，1990 年版。

李國祥主編：《國學知識舉要·辨偽學講義》，桂林：廣西人民出版社，1993 年版。

鄧瑞全，王冠英主編：《中國偽書綜考》，合肥：黃山書社，1998 年版。

俞兆鵬主編：《中國偽書大觀》，南昌：江西教育出版社，1998 年版。

楊緒敏：《中國辨偽學史》，天津：天津人民出版社，1999 年版。

馬達：《列子考辨》，北京：北京出版社，2000 年版。

陳福康：《井中奇書考》，上海：上海文藝出版社，2001 年版。

遇笑容：《儒林外史詞彙研究》，北京：北京大學出版社，2001 年版。

鄭良樹：《諸子著作年代考》，北京：北京圖書館出版社，2001 年版。

陳其泰、張宗華主編：《古史辨學說評價討論集》，北京：京華出版社，2001 年版。

劉建國：《先秦偽書辨正》，西安：陝西人民出版社，2004 年版。劣。

司馬朝軍：《文獻辨偽學研究》，武漢：武漢大學出版社，2008 年版。

顧頡剛主編：《古籍考辨叢刊》第二輯，北京：社會科學文獻出版社，2009 年版。

（五）關於輯佚學的著作

孫啟治等：《古佚書輯本目錄》，北京：中華書局，1997 年版。

曹書傑：《中國古籍輯佚學論稿》，長春：東北師範大學出版社，1998 年版。

（六）關於考據學的著作

林慶彰：《明代考據學研究》，臺北：學生書局，1986 年版。

龐天佑：《考據學研究》，烏魯木齊：新疆大學出版社，1994 年版。

漆永祥：《乾嘉考據學研究》，北京：中國社會科學出版社，1998 年版。

羅炳良：《18 世紀中國史學的理論成就》，北京：北京師範大學出版社，2000 年版。

王俊義：《清代學術探研錄》，北京：中國社會科學出版社，2002 年版。

郭康松：《清代考據學研究》，武漢：崇文書局，2003 年版。

羅炳良：《清代史學的理論與方法論》，蘭州：蘭州大學出版社，2004 年版。

陳祖武等：《乾嘉學派研究》，石家莊：河北人民出版社，2005 年版。

陳其泰：《20 世紀中國歷史考證學研究》，北京：北京師範大學出版社，2005 年版。

山口久和：《章學誠的知識論：以考證學批判為中心》，上海：上海古籍出版社，2006 年版。

羅炳良：《清代乾嘉歷史考證學研究》，北京：國家圖書館出版社，2007 年版。

徐道彬：《戴震考據學研究》，合肥：安徽大學出版社，2007 年版。

（七）關於編纂學的著作

李晉華：《明史纂修考》，出版地不詳：哈佛燕京學社，1933 年版。

郭伯恭：《四庫全書纂修考》，上海：上海書店，1992 年版。劣。

郭伯恭：《永樂大典纂修考》，上海：商務印書館，1938 年版。

趙踐：《檔案文獻編纂學講義》，北京：中國人民大學校內印行，1983 年版。

黃愛平：《四庫全書纂修研究》，北京：中國人民大學出版社，1988 年版。

曹喜琛：《檔案文獻編纂學》，北京：中國人民大學出版社，1990 年版。

吳奈夫：《新方志編纂學》，南京：江蘇科學技術出版社，1991 年版。

俞紅飛：《中國當代方志編纂學研究》，北京：方志出版社，1996 年版。

韓寶華：《檔案文獻編纂學教程》，北京：中國人民大學出版社，1999 年版。

徐紹敏：《檔案文獻編纂學》，杭州：浙江大學出版社，2001 年版。

司馬朝軍：《〈四庫全書總目〉編纂考》，武漢：武漢大學出版社，2005 年版。

趙生群：《〈史記〉編纂學導論》，南京：鳳凰出版社，2006 年版。

劉耿生：《檔案文獻編纂學》，北京：中國人民大學出版社，2007 年版。

曹之：《中國古籍編撰史》第二版，武漢：武漢大學出版社，2007 年版。

（八）關於文字學的著作

胡樸安：《中國文字學史》，北京：商務印書館，1937 年版。

邵祖平：《文字學概說》，北京：商務印書館，1947 年版。

楊樹達：《積微居金文說》，北京：科學出版社，1952 年版；北京：中華書局，1997 年版。

楊樹達：《文字形義學》，上海：上海古籍出版社，1988 年版。

唐蘭：《古文字學導論》，北京：北京大學，1935 年版；濟南：齊魯書社，1981 年版。

唐蘭：《中國文字學》，上海：開明書局，1949 年版；上海：上海古籍出版社，1979 年版。

林尹：《文字學概說》，臺北：正中書局，1971 年版。

陳夢家：《殷虛卜辭綜述》，北京：科學出版社，1956 年版。

梁東漢：《漢字結構及其流變》，上海：上海教育出版社，1959 年版。

蔣善國：《漢字形體學》，北京：文字改革出版社，1959 年版。

蔣維崧：《漢字淺說》，濟南：山東人民出版社，1959 年版。

高明：《古文字類編》，北京：中華書局，1980 年版。

李學勤：《古文字學初階》，北京：中華書局，1985 年版。

楊五銘：《文字學》，長沙：湖南人民出版社，1986 年版。

林澐：《古文字研究簡論》，長春：吉林大學出版社，1986 年版。

蔣善國：《漢字學》，上海：上海教育出版社，1987 年版。

高明：《中國古文字學通論》，北京：文物出版社，1987 年版。

陳煒湛、唐鈺明：《古文字學綱要》，廣州：中山大學出版社，1988 年版。

陳世輝、湯餘惠：《古文字學概要》，長春：吉林大學出版社，1988 年版。

詹鄞鑫：《漢字說略》，瀋陽：遼寧教育出版社，1991 年版。

裘錫圭：《古文字論集》，北京：中華書局，1992 年版。

龍宇純：《中國文字學》，臺灣：五四書店，1994 年版。

裘錫圭：《文字學概要》，北京：商務印書館，1996 年版。

劉釗等：《中國文字學史》，長春：吉林教育出版社，1996 年版。

王宇信、楊升南主編：《甲骨學一百年》，北京：社會科學文獻出版社，1999 年版。

董蓮池：《說文部首形義通釋》，長春：東北師範大學出版社，2000 年版。

黃德寬、陳秉新：《漢語文字學史》，合肥：安徽教育出版社，2006 年版。

（九）關於訓詁學的著作

何仲英：《訓詁學引論》，上海：商務印書館，1934 年版。

胡樸安：《中國訓詁學史》，上海：商務印書館，1939 年版。

張世祿：《中國訓詁學概要》，出版地不詳：文通書局，1942 年版。

陸宗達：《訓詁簡論》，北京：北京出版社，1980 年版。

周大璞：《訓詁學要略》，武漢：湖北人民出版社，1980 年版。

陸宗達、王寧：《訓詁方法論》，北京：中國社會科學出版社，1983 年版。

林尹：《訓詁學概要》，臺北：正中書局，1983 年版。

吳孟復：《訓詁通論》，合肥：安徽教育出版社，1983 年版。

齊佩瑢：《訓詁學概論》，北京：中華書局，1984 年版。

洪誠：《訓詁學》，南京：江蘇古籍出版社，1984 年版。

白兆麟：《簡明訓詁學》，杭州：浙江教育出版社，1984 年版。

張永言：《訓詁學簡論》，武漢：華中工學院出版社，1985 年版。

郭在貽：《訓詁學》，長沙：湖南人民出版社，1986 年版。

楊端志：《訓詁學》，濟南：山東文藝出版社，1986 年版。

周大璞主編：《訓詁學初稿》，武漢：武漢大學出版社，1987 年版。

黃典誠：《訓詁學概論》，福州：福建人民出版社，1988 年版。

黃建中：《訓詁學教程》，武漢：荊楚書社，1988 年版。

劉又辛等：《訓詁學新論》，成都：巴蜀書社，1989 年版。

程俊英等：《應用訓詁學》，上海：華東師範大學出版社，1989 年版。

陳紱：《訓詁學基礎》，北京：北京師範大學出版社，1990 年版。

劉成德：《簡明訓詁學》，蘭州：蘭州大學出版社，1992 年版。

馮浩菲：《訓詁方法論》，濟南：山東大學出版社，1995 年版。

路廣正：《訓詁學通論》，天津：天津古籍出版社，1996 年版。

王寧：《訓詁學原理》，北京：中國國際廣播出版社，1996 年版。

宋永培：《當代中國訓詁學》，廣州：廣東教育出版社，2000 年版。

王繼如：《訓詁問學叢稿》，南京：江蘇古籍出版社，2001 年版。

陳良煜：《訓詁學新探》，西寧：青海人民出版社，2001 年版。

宋金蘭：《訓詁學新論》，北京：首都師範大學出版社，2001 年版。

李建國：《漢語訓詁學史》，上海：上海辭書出版社，2002 年版。

毛遠明：《訓詁學新編》，成都：巴蜀書社，2002 年版。

許威漢：《訓詁學導論》，北京：北京大學出版社，2003 年版。

趙振鐸：《訓詁學綱要》，成都巴蜀書社，2003 年版。

王寧：《訓詁學》，北京：高等教育出版社，2004 年版。

郭芹納：《訓詁學》，北京：高等教育出版社，2005 年版。

白兆麟：《新著訓詁學引論》，上海：上海辭書出版社，2005 年版。

方一新：《訓詁學》，南京：江蘇教育出版社，2008 年版。

黎千駒：《現代訓詁學導論》，武漢：華中師範大學出版社，2008 年版。

陸忠發：《現代訓詁學探論》，杭州：浙江大學出版社，2008 年版。

孫雍長：《訓詁原理》，北京：高等教育出版社，2009 年版。

（十）關於音韻學的著作

錢玄同：《文字學音篇》，北京：北京大學出版組，1918 年版。

張世祿：《中國聲韻學概要》，上海：商務印書館，1929 年版。

馬宗霍：《音韻學通論》，上海：商務印書館，1930 年版。

張世祿：《音韻學》，上海：商務印書館，1932 年版。

姜亮夫：《中國聲韻學》，上海：世界書局，1933 年版。

劉賾：《聲韻學表解》，北京：商務印書館，1934 年版。

魏建功：《古音系研究》，北京：北京大學，1935 年版。

王力：《中國音韻學》，北京：商務印書館，1936 年版。

林尹：《中國聲韻學通論》，北京：中華書局，1937 年版。

張世祿：《中國音韻學史》，北京：商務印書館，1938 年版。

沈兼士：《廣韻聲繫》，北京：中華書局，1985 年版。

高本漢：《中國音韻學研究》，北京：商務印書館，1940 年版。

羅常培：《中國音韻學導論》，北京：北京大學，1949 年版。

謝雲飛：《中國聲韻學大綱》，臺灣：廣文書局，1971 年版。

李方桂：《上古音研究》，北京：商務印書館，1980 年版。

黃侃：《黃侃論學雜著》，上海：上海古籍出版社，1980 年版。

黃侃：《文字聲韻訓詁筆記》，上海：上海古籍出版社，1983 年版。

黃焯：《古今聲類通轉表》，上海：上海古籍出版社，1983 年版。

董同龢：《漢語音韻學》，北京：中華書局，2001 年版。

張世祿、楊劍橋：《音韻學入門》，上海：復旦大學出版社，1987 年版。

謝紀鋒：《音韻學概要》，桂林：廣西師範大學出版社，1992 年版。

曾運乾：《音韻學講義》，北京：中華書局，1996 年版。

楊劍橋：《漢語現代音韻學》，上海：復旦大學出版社，1996 年版。

王力：《漢語音韻學》，北京：中華書局，1956 年版。

王力：《漢語音韻》，北京：中華書局，1980 年版。

王力：《漢語語音史》，北京：中國社會科學出版社，1985 年版。

周祖謨：《廣韻校本》，北京：中華書局，1960 年版。

李新魁：《漢語音韻學》，北京：北京出版社，1986 年版。

陳復華、何九盈：《古韻通曉》，北京：中國社會科學出版社，1987 年版。

唐作藩：《音韻學教程》，北京：北京大學出版社，1987 年版。

趙振鐸：《音韻學綱要》，成都：巴蜀書社，1990 年版。

沈祥源、楊子儀：《實用音韻學》，太原：山西教育出版社，1990 年版。

殷煥先、董紹克：《實用音韻學》，濟南：齊魯書社，1990 年版。

竺家寧：《聲韻學》，臺灣：五南圖書公司，1991 年版。

耿振聲：《明清等韻學通論》，北京：語文出版社，1992 年版。

汪壽明、潘文國：《漢語音韻學引論》，上海：華東師範大學出版社，1992
年版。

黃群建：《音韻學概論》，武漢：武漢大學出版社，1995 年版。

潘重規等：《中國聲韻學》，臺北：東大圖書股份有限公司，1995 年版。

李申等：《音韻答問》，南京：江蘇教育出版社，1998 年版。

陳新雄：《古音研究》，臺灣：五南圖書出版公司，1999 年版。

潘悟云：《漢語歷史音韻學》，上海：上海教育出版社，2000 年版。

李新魁：《漢語等韻學》，北京：中華書局，2001 年版。

鄒曉麗：《傳統音韻學實用教程》，上海：上海辭書出版社，2002 年版。

胡安順：《音韻學通論》，北京：中華書局，2003 年版。

周祖庠：《新著音韻學》，上海：上海辭書出版社，2003 年版。

龍異騰：《實用音韻學》，成都：巴蜀書社，2003 年版。

林燾、耿振聲：《音韻學概要》，北京：商務印書館，2004 年版。

耿振聲：《20 世紀漢語音韻學方法論》，北京：北京大學出版社，2004 年版。

劉志成：《漢語音韻學研究導論》，成都：巴蜀書社，2004 年版。

唐作藩：《漢語音韻學常識》，上海：上海教育出版社，2005 年版。

李無未、李子君：《漢語音韻學通論》，北京：高等教育出版社，2006 年版。

劉曉南：《漢語音韻研究教程》，北京：北京大學出版社，2007 年版。

萬獻初：《音韻學要略》，武漢：武漢大學出版社，2008 年版。

麥耘：《音韻學概論》，南京：江蘇教育出版社，2009 年版。

（十一）專科、專題文獻學

王秀成：《科技文獻學》，長春：吉林工業大學出版社，1984 年版。

張君炎：《中國文學文獻學》，南昌：江西人民出版社，1986 年版。

王餘光：《中國歷史文獻學》，武漢：武漢大學出版社，1988 年版。

張家璠、黃寶權主編：《中國歷史文獻學》，桂林：廣西師範大學出版社，1989 年版。

楊燕起、高國抗主編：《中國歷史文獻學》，北京：書目文獻出版社，1989 年版。

張大可主編：《中國歷史文獻學》，西安：陝西人民教育出版社，1991 年版。

邱均平、胡昌平：《科技文獻學》，武漢：武漢大學出版社，1991 年版。

單淑卿、張春玲：《中國經濟文獻學》，青島：青島海洋大學出版社，1991 年版。

劉躍進：《中古文學文獻學》，南京：江蘇古籍出版社，1997 年版。

王書元：《體育科技文獻學》，哈爾濱：哈爾濱工程大學出版社，1997 年版。

張伯元：《法律文獻學》，杭州：浙江人民出版社，1999 年版。

謝玉傑、王繼光主編：《中國歷史文獻學》，北京：民族出版社，1999 年版。

崔文印：《中國古代文獻淺談》，成都：四川人民出版社，1999 年版。

曾貽芬、崔文印：《中國歷史文獻學史述要》，北京：商務印書館，2000

年版。

　　曾貽芬、崔文印：《中國歷史文獻學》，北京：學苑出版社，2001 年版。

　　王子今：《20 世紀中國歷史文獻研究》，北京：清華大學出版社，2002
年版。

　　查洪德、李軍：《元代文學文獻學》，北京：中國社會科學出版社，2002
年版。

　　嚴季瀾、顧植山主編：《中醫文獻學》，北京：中國中醫藥出版社，2002
年版。

　　丁偉安等：《中藥文獻學》，北京：科學出版社，2003 年版。

　　包和平：《中國少數民族文獻學概論》，北京：民族出版社，2004 年版。

　　張顯成：《簡帛文獻學通論》，北京：中華書局，2004 年版。

　　李振宇：《法律文獻學》，北京：中國檢察出版社，2005 年版。

　　王興文、管學成：《宋代科技文獻研究》，蘭州：蘭州大學出版社，2006
年版。

　　董占軍：《藝術文獻學論綱》，北京：清華大學出版社，2006 年版。

　　包和平：《中國少數民族文獻學研究》，北京：國家圖書館出版社，2009
年版。

　　以上各類還只是以概論性質的著作為主，兼及研究性質的著作，還不夠全
面，但已經相當豐富了，有的類別已有好幾十種了。另外，在訓詁學基礎上發
展而來的注釋學、解釋學，古籍整理學、圖書學、編輯學、出版學，遍及文史
哲領域的史料學，無不與文獻學有相當的淵源，這裡就不一一列舉了。

　　黃侃認為：「一學之立，必待與之相關諸學盡有紀綱。」〔註45〕依此類
推，文獻學之立，必待與之相關諸學盡有紀綱。在文獻學之相關諸學尚未盡
有紀綱之時，文獻學的編纂模式停留在「小三樣」的初級階段，實屬無奈之
舉。後來發展出「什錦拼盤」，可謂不善學步。現在與文獻學相關諸學盡有紀
綱，文獻學已然是一門成熟的學科，文獻學之重建當指日可待。當然，需要革
故鼎新，與時俱進，重新調整編纂方式，重寫文獻學。

二、文獻學編纂模式的重新調整

　　自 20 世紀 80 年代以來，冠以「文獻學」之名的學術著作至少在五六十種

〔註45〕黃侃：《黃侃論學雜著》，上海古籍出版社，1980 年版，第 384 頁。

以上，至於沒有冠以「文獻學」之名而屬文獻學各分支學科範疇的論著則數倍於此。另據《全國報刊索引》統計，1978 年～1998 年文獻學理論研究的論文達五百多篇，其中僅探討文獻學定義、學科體系的論文就不下百篇。這對於一個至今仍然不太為人們所重視的學科來說，成果已足夠豐富。這一學科的理論體系似乎越來越龐雜、範疇越來越廣泛，甚至連學科名稱、內涵等基本問題都是人言人殊，五花八門。這究竟是什麼原因呢？如何去解決文獻學研究的這一「瓶頸」呢？大抵求通者不免於雜，務要者易失之隘，循名者鮮責諸實，得貌者常遺其神。

我們首先必須弄清文獻學的對象問題。我們已經從正面闡述了文獻學的對象是「文獻」，下面還要從反面論述。

第一，文獻學的對象不是「文獻的文本」。董恩林主編的《中國傳統文獻學概論》指出，傳統文獻學的研究對象並不是我們通常所說的「文獻」而是「文獻的文本」。對於文獻學研究者整理《老子》來說，其八十一章的學術內容如何，並不是關心的重點，其文本內容的不一樣則是要著重校勘考證的。不僅如此，文獻學研究者平日所從事的校勘、辨偽、輯佚等工作，所涉及的都只是某種文獻的文本，換言之，其工作平臺只是某種文獻的文本；所謂某種文獻的文字有誤、內容有佚有偽等，都只是就某種文獻的文本而言的，一旦文本變換，其結論就不一定正確了。可見，文獻學研究者所整理研究的只是文獻的文本，而不是其形態與內容的全部。所以，學術界以往將文獻學的研究對象界定為「文獻」是不夠準確的。

第二，文獻學的對象不是「古籍整理的各個環節」。許逸民在《「中國古籍」、「古典文獻」和「古籍整理」的界限說》一文中，論述了古籍整理學與文獻學之區別。古籍整理學究竟應該包括哪些內容呢？來新夏的《古籍整理散論》和《古籍整理講義》，論及分類、目錄、版本、句讀、工具書、校勘、考據、傳注等八個方面的內容。時永樂的《古籍整理教程》分為古籍概說、古籍版本、校勘、古書的標點、古籍的注釋、辨偽與輯佚、古籍整理的其他工作（撰寫序跋、編輯附錄、編製索引）等九章。劉琳、吳洪澤的《古籍整理學》一書，對古籍整理學的研究對象及其學科體系、古籍整理的指導思想等問題進行了較為全面而深入的闡述，他們認為：「古籍整理學，就是研究有關古籍整理的各個方面、各個環節的規律的一門科學。它研究的範圍包括古籍整理的理論、歷史、相關學科及其與古籍整理的關係，整理的方式和方法，甚至於古籍

整理工作的組織管理等等。其中，古籍整理的方式與方法是古籍整理學研究的重點。古籍整理的方式有校勘、標點、注釋、今譯、輯佚、抄纂等，每一種方式都有自己的一套道理和方法，因此它們之中的很多內容又可以形成獨立的學問，如校勘學、注釋學等等。古籍整理學是古文獻學的一個分支學科。古文獻學是研究和整理古代文獻的一門學問。它其中的很多方面又可以形成獨立的學問或分支學科，例如研究古書形制發展的書史』，研究版本的古籍版本學，研究古書編目的古籍目錄學，研究古書斷代與辨偽的文獻斷代辨偽學，等等。古籍整理乃是著重研究古文獻學中的整理這個方面，它是古文獻學的一個重要組成部分。」我們也認為，文獻學不等於古籍整理學。過去所謂的文獻學，大多只是古籍整理學。

　　總之，文獻學的對象只能是「文獻」本身。解決了這一關鍵問題，我們就可以調整好目標，做到有的放矢。重寫文獻學，免除其「不可承受之重」，這是新世紀賦予新一代文獻學家的一項光榮使命。只有承敝通變，承前啟後，避免落入文獻學教材編纂的固有模式，大膽對文獻學作出新的調整，我們才有可能走出誤區，闖出一條新路。

第四節　文獻學特點與定位

一、文獻學的特點

（一）工具性

　　文獻學是基礎學科，是學習其他學科的工具。其工具性表現在三個方面：

　　首先，文獻是知識的載體、信息的載體。這是由文獻的本質所決定的。

　　其次，文獻是文化的載體。從文獻的內容來看，無論是按《漢志》分為六大類，還採用經史子集的分類，中國傳統文獻的內容都是極其豐富的。

　　最後，文獻是道的載體。文以載道。道是什麼？具體講是路，抽象講是哲學範疇。老子云：「道可道，非常道。」《易傳》云：「一陰一陽之謂道。」道即對立之陰陽二氣的動態統一。文獻所載者是中國文化之道。從某種意義上來說，文獻學就是工具之學。

（二）人文性

　　人文性是文獻學的本質屬性。文獻學課程的主要任務應該是通過古典文

獻的學習，瞭解傳統文化，弘揚中華民族的人文精神。文獻學教學不應忽視人文教育，應該加強人文性，不能把人文性與工具性對立起來，文獻學教學應加強人文性。

首先，從文獻學課程選擇的教學內容來看，文獻學屬人文社會科學。古典文獻學課程是中國傳統文化的重要組成部分；文獻學課程不光是認知體系的，而且還是價值體系、倫理體系的。這正好體現了文獻學課程豐富的人文內涵。

其次，文獻學課程植根於人文精神。要充分發揮文獻學課程的育人功能，使學生受到優秀的文化薰陶，塑造熱愛祖國和中華文明、獻身人類進步事業的精神品格，形成健康美好的情感和奮發向上的人生態度。古老的人文精神更散發出新的濃鬱的人文氣息，中華民族這種源遠流長的人文精神正是文獻學課程理念植根的豐厚沃土，是文獻學課程人文內涵的豐富之所在。

再次，文獻學展現著鉅大的人文魅力。文獻學課程目標要求學生通過閱讀經典，體會中華文化的博大精深、源遠流長，陶冶性情，追求高尚的情趣，提高道德修養，提升精神境界。

（三）複雜性

文獻既包括傳世文獻，也包括出土文獻。傳世文獻浩如煙海，汗牛充棟，經史子集，三教九流，上至天文，下至地理，無所不有，無所不包。出土文獻主要指甲骨文獻、金石文獻、簡帛文獻與敦煌吐魯番文獻。因此，文獻形式與內容的複雜性決定了文獻學的複雜性。

（四）綜合性

文獻學是一種綜合性的學科，它與語言文字學、目錄、版本、校勘、辨偽、輯佚學以及歷史學（包括通史、文化史、哲學史、思想史、史學史等）都有關聯。文、史、哲等學科的研究需要文獻學提供研究基礎，文獻學研究也要文、史、哲等學科的研究中吸收養分。

從四部之學到七科之學，傳統學術被邊緣化。文獻學與語言文字學、目錄、版本、校勘、辨偽、輯佚學以及歷史學（包括通史、文化史、哲學史、思想史等）的關聯，由此決定了它必然是一種綜合性的邊緣學科。

正因為文獻學與其他學科有如此密切的聯繫，所以學習文獻學的人必須有廣博的知識基礎和專業訓練，才能應付裕如。

二、文獻學的定位

文獻是最重要的交際工具，是人類文化的重要組成部分。

工具性與人文性的統一，是文獻學課程的基本特點。這一新的理念，即繼承了文獻學教育應該使學生切實掌握文獻這個工具性打好文獻學基礎這一傳統的正確觀點，又反映了文獻學教育應該體現固有的人文精神，加強人文精神的新的時代觀點，同時，澄清了工具性、人文性各執一端的片面認識。

文獻學課程屬文化素質教育課程。圖書館學專業面臨著嚴峻的外部和內部環境壓力。在高度市場化和商業化的今天，大學無不面對著功利化的鉅大挑戰，本科教育很容易落入「專業主義」和「職業主義」的陷阱，重技術輕人文。曾幾何時，圖書館學專業邯鄲學步，自動放棄傳統優勢，拼命壓縮傳統課程（如古代漢語、中國目錄學史、中文工具書等課程概被取消），轉而向信息科學靠攏。幾年之間完成了由人文向技術的鉅變。在內部環境上，近年我國大學急劇擴招，教育由精英化而大眾化，引發了學校資源緊張、校園環境惡化等一系列問題。面對這一嚴峻處境，人文教育勢在必行。

人文教育的重要目的在於使學生經由大學教育，能夠抵制純粹功利的職業取向，克服狹隘的專業意識，從細小的專業分支中走出來，對中國及世界歷史、文化、經濟有多方面的瞭解，從而達到文化自覺的地步。大學教育應該把「文化自覺」這一理念貫注在每一個大學生心目中，使接受了大學本科教育之後的學生都有一個共同的人文基礎。〔註46〕

正如著名學者郭齊勇先生所指出：

> 大學就是大學，不是專門的職業技術學校。大學培養出來的學生，應具有較廣博的文化修養（博而且雅），一定的知識基礎與方法學訓練，走上社會，後勁與潛力較大，可適應面較寬。上世紀五十年代初的院系調整，照搬蘇聯模式，加上工業化建設的需要，使得大學分科化和系科單面化的模式逐漸佔據統治地位。今天全社會的功利化與實用化的導向，強調所謂專業對口，科系與課程設置更為單一、片面、直接，乃至有大學傳統的大學在現行評價體系下淪為職業培訓學校，大量不具備大學資質的學校又紛紛升格為大學，於是大學越來越不像大學。而目前推行的所謂本科教學評估的指標體系，日益把大學變成中等專業學校，完全無視大學教師的主動性與

〔註46〕參見《讀書》，2006 年第 4 期，第 27 頁。

創造性，視之若工具，把教育活動變成簡單刻板的機械運動，閹割
了大學精神。大學教授受制於日益細瑣的所謂制度管理或目標管理
（這些機構與評價體系就是來「管」教師的），不能動彈，動輒得
咎，何談思想自由，何談學校與教師的個性色彩與風格，更何談培
養創造性人才，師與生不能不成為齒輪與螺絲釘，或規行矩步的機
器人。大學日甚一日地衙門化、官僚化、科層化，更加促使大學精
神與大學理念的沉淪。

　　由於教育體制本身的種種問題，由於揠苗助長式的幼兒教育、
中小學教育片面地膨脹技術知識與過早的分科，使大學教育對象的
東西方人文素養十分薄弱，特別是傳統人文知識與人文精神之修養
十分欠缺，中學文理分科太早，病患尤大，目前文、理、工、醫、農
科的大學生與研究生中，人文與科學素養雙重貧乏，特別是使人文
學科、社會科學的生源的水平下降了很多。從中學到大學，長期累
層疊加的分科式教育與灌輸的方法，使大學生的素養更加貧弱化或
單面化，尤其是變得不會思考，沒有思想和反思的本領與能力。這
當然不可能培養出全面發展的高素養的國民，或平民化的公眾知識
分子。〔註47〕

圖書館學專業本來擁有悠久的人文傳統，以前培養出來的學生大多具
有較廣博的文化修養，但近年來發生了較大的逆轉。學生的素養更加貧弱化
或單面化，缺少問題意識，不會提問，不會思考，沒有思想和反思的能力。
他們寧當宅男宅女，不進教室上課，厭惡專業學習，痛恨人文傳統，更有甚
者甚至仇視傳統文化。為什麼會形成如此局面？五四運動以來的反傳統，至
「文化大革命」登峰造極，市場化以後更是一切向錢看，向西方看齊。人文
精神日漸凋敝，令人堪憂。

　　對傳統，有恢復或拋棄之說。恢復論者視傳統為民族舊文化中某種「一派
相承之統緒」，即三代以來「原於中國文化之本性」而形成的「道統」之相傳，
並悲歎其在中國走向近代的文化歷程中發生了「斷裂」。因而大聲疾呼，要以「孔
子作《春秋》之存亡繼絕的精神」來恢復中國文化中「一貫之傳統」。〔註48〕

〔註47〕參見《讀書》，2006 年第 4 期，第 19～20 頁。
〔註48〕唐君毅：《中國文化與世界》，《文化意識宇宙的探索》，中國廣播電視出版社，
　　　　1992 年版，第 323～380 頁。

拋棄論者視傳統為「沉重的枷鎖」,「陳舊的過時物」,強調必須掙脫傳統的束縛,才能徹底重建新文化。因而同樣大聲疾呼,為了實現現代化,中國傳統文化「最好後繼無人」。〔註49〕

「全盤西化論」(胡適)和「保存國粹論」(晚清國粹派)之所以必然落空,就因為兩者都把身處其中的歷史傳統誤解為凝固化了的異己的外在物,似乎可以隨意拋棄或搶救。事實上,傳統內在於現實的人們及其對傳統的心態中,並不斷地被人們評判、理解、複製和重構而成為動態的流程。正如黑格爾《哲學史講演錄‧導言》所言:「傳統並不是一尊不動的石像,而是生命洋溢的,有如一道洪流,離開它的源頭愈遠,它就膨脹得愈大。」

在數字化時代,注重文獻資源的開發利用,將信息資源引進課堂,讓文獻學課堂教學面貌煥然一新。但是,有的文獻學教師卻離開對文獻的基本理解,離開文獻實踐,侈談時髦理論;有的教師將文獻學課演變成「文獻(信息)檢索課」、「文獻(信息)計量課」,泛化了工具性,冷落了人文性。

文獻學是博雅教育,涉及範圍非常廣泛,可以救治貧弱化或單面化。因此,文獻學家應具備開闊的視野、廣泛的學識,成為名副其實的「雜家」。但雜家不好當,十八般武器,上手了都得耍幾招,還得像模像樣。

毋庸諱言,文獻學這門課程在課堂裏是無法講完的,一個學期54節課,只能講一點最淺近、最常見的知識。因此,稱之為「豬跑學」並非什麼自謙,實在是迫不得已的事情。況且文獻學本身是一門實踐性很強的應用學科,近年來理論上雖然有所探討,但理論色彩仍然不足。因此,我們也只能向大家介紹有關古文獻的 ABC,積極弘揚「豬跑學」而已。

參考文獻

1. 馮天瑜等主編:《語義的文化變遷》,武漢:武漢大學出版社,2007 年版。
2. 陳戍國:《中國禮制史‧先秦卷》,長沙:湖南教育出版社,2002 年版。
3. 啟功:《啟功講學錄》,北京:北京師範大學出版社,2005 年版。
4. 周文駿:《文獻交流引論》,北京:書目文獻出版社,1986 年版。
5. 周文駿主編:《中國大百科全書‧圖書館學情報學檔案學》,北京:中國大百科全書出版社,1993 年版。

〔註49〕劉曉波:《與李澤厚對話──感性、個人、我的選擇》。

6. 孫欽善：《中國古文獻學史》，北京：中華書局，1994 年版。

7. 倪波等：《文獻學導論》，貴陽：貴州科技出版社，2000 年版。

8. 洪湛侯：《中國文獻學新編》，杭州：杭州大學出版社，1994 年版。

9. 董恩林主編：《中國傳統文獻學概論》，武漢：華中師範大學出版社，2008 年版。

推薦書目

1. 余嘉錫：《余嘉錫說文獻學》，上海：上海古籍出版社，2001 年版。

2. 張舜徽：《中國文獻學》，鄭州：中州書畫社，1982 年版。

3. 劉躍進：《中古文學文獻學》，南京：江蘇古籍出版社，1997 年版。

4. 劉咸炘：《劉咸炘論目錄學》，上海：上海科學技術文獻出版社，2007 年版。

5. 姚名達：《中國目錄學史》，上海：上海古籍出版社，2002 年版。

6. 來新夏：《古典目錄學》，北京：中華書局，1991 年版。

7. 司馬朝軍：《〈四庫全書總目〉研究》，北京：社會科學文獻出版社，2004 年版。

8. 曹之：《中國古籍版本學》第二版，武漢：武漢大學出版社，2007 年版。

9. 錢玄：《校勘學》，南京：江蘇古籍出版社，1988 年版。

10. 顧頡剛主編：《古籍考辨叢刊》第一集，北京：社會科學文獻出版社，2010 年版。

11. 顧頡剛主編：《古籍考辨叢刊》第二輯，北京：社會科學出版社，2009 年版。

12. 鄭良樹：《古籍辨偽學》，臺北：學生書局，1986 年版。

13. 司馬朝軍：《文獻辨偽研究》，武漢：武漢大學出版社，2021 年版。

14. 漆永祥：《乾嘉考據學研究》（增訂本），北京：北京大學出版社，2020 年版。

15. 曹之：《中國古籍編撰史》第二版，武漢：武漢大學出版社，2006 年版。

16. 司馬朝軍：《〈四庫全書總目〉編纂考》，武漢：武漢大學出版社，2005 年版。

17. 裘錫圭：《文字學概要》，北京：商務印書館，1996 年版。

18. 周大璞主編：《訓詁學初稿》第三版，武漢：武漢大學出版社，2007 年版。

19. 方一新：《訓詁學》，南京：江蘇教育出版社，2008 年版。

20. 曾運乾：《音韻學講義》，北京：中華書局，1996 年版。

21. 林尹：《中國聲韻學通論》，上海：中華書局，1937 年版。

22. 楊劍橋：《漢語現代音韻學》，上海：復旦大學出版社，1996 年版。

23. 司馬朝軍：《〈四庫全書總目〉精華錄》，武漢：武漢大學出版社，2008 年版。

24. 司馬朝軍主編：《〈四庫全書〉與中國文化》，武漢：武漢大學出版社，2010 年版。

25. 孫欽善：《中國古文獻學文選》，南京：江蘇教育出版社，2008 年版。

26. 漆永祥：《乾嘉考據學新論》，北京：北京聯合出版公司，2022 年版。

27. 司馬朝軍、趙爭主編《文獻辨偽學引論》，武漢：武漢大學出版社，2020 年版。

28. 司馬朝軍主編：《文獻辨偽新探》，武漢：武漢大學出版社，2018 年版。

29. 司馬朝軍主編：《百年文獻辨偽學研究菁華集成》，武漢：武漢大學出版社，2021 年版。

30. 司馬朝軍：《中國文獻辨偽學史稿》，武漢：武漢大學出版社，2022 年版。

後 記

　　本書是十二年前為圖書館學專業編寫的文獻學通論性質的教材。編寫時盡量注意到結合該專業的特點，要求學生掌握文獻分類，熟悉古典門徑，多記人名書名。考慮到它可能對中國古典文獻學、中國歷史文獻學、中國哲學史以及國學專業或古文獻專業的學生也有一定的參考價值，文史研究者、愛好者或許也會感興趣，因此我們也嘗試使本書「眼觀六路，耳聽八方」，盡量避免落入「文獻學＝目錄學＋版本學＋校勘學＋辨偽學＋輯佚學＋考據學＋編纂學＋文字學＋訓詁學＋音韻學＋……」的模式之中。最初的文獻學教材是「目錄學＋版本學＋校勘學」拼綴而成的小三樣，而後拼盤花樣越來越多，雪球越滾越大，戰線越拉越長。我在執教之初，也曾按照上述模式傳授文獻學，深感難以在一個學期內將如此豐盛的文化大餐和盤托出。如果每門都講一點，難免蜻蜓點水、淺嘗輒止之譏。況且目錄學、版本學、校勘學、辨偽學、輯佚學、考據學、編纂學、文字學、訓詁學、音韻學等皆已獨立門戶，我們早已沒有必要再按照前人的模式製造一份文獻學的「十全大補」套餐。

　　有道是：「滿紙荒唐言，一把辛酸淚。都云作者癡，誰解其中味？」十餘年來，我一而再再而三地編纂文獻學教材，真可謂一波三折，多災多難。詩曰：「黽勉從事，不敢告勞。無罪無辜，讒口囂囂。」起初，有人編寫《古文獻學概論》，命我捉刀，草稿甫定，旋被乾沒。後來，我被光榮「引進」，接替先師曹之教授的文獻學教席，又奉命重寫《文獻學通論》，按照「大文獻學」的路數編寫講義。專業化的訓練，使我早已習慣了專題研究。而這種概論性質的教材又是另外一種寫法，要求在獨抒己見之前，還要羅列眾說，面面俱

到。坦率地說，我厭惡大而無當，厭惡拾人牙慧，厭惡四平八穩，更厭惡面面俱到。因此，編寫教材，對我來說無異是一種殘酷的懲罰。我常常為此頭疼不已。作為一名古典學研究者，我一直在探索新路，在冒險中獲得神秘的體驗，在弄潮中體驗學問的神秘。作為一名文獻學教授，我既為沒有自編教材而負疚不已，又常常備受各方的責難。學生們對我已經相當包容，但他們也急切地盼望我拿出一本公開出版的自編教材。正當我的《文獻學通論》書稿即將殺青之時，在拉薩朝聖的路上，因為筆記本硬盤的損壞而無法恢復，於是我的文字障受到了一次極為可怕的懲罰，讓我在雪域天路上沉默良久。將近一個月的西藏之行，彷彿就飛翔在天上。神山聖水，僧寺廟堂，奇特風光，一度讓我忘掉了語言、思想、世俗及其他。我甚至幻想自己化為一尾魚，自由自在地遨遊於納木錯或巴松錯……當我回到自己的崗位上，年復一年地站在三尺講臺上，面對嗷嗷待哺的學生，我又重新思考文獻學教材的編纂，嘗試走一條新路，放棄被弄濫了的套路，努力跳出「學」之重圍，重新回到文獻本身，回到劉向、劉歆的老路上，重新扛起「辨章學術，考鏡源流」的大旗，為光復國故而搖旗吶喊，為「反·反傳統」而鼓與呼！

筆者自本科開始研習文獻之學，多歷年所。始則服膺師說，繼而懷疑成說，終則標新立異，自立新說。西學東漸以來，新舊之爭一直未曾停歇。數十年前有人評論道：「今之據高頭講章，岸然道貌者，動曰：『吾習舊學，不屑新學也。』今之翻洋板新書，昂然自命者，動曰：『吾習新學，不屑舊學也。』」（黃慶澄語）文獻學亦有舊學、新學之分，即傳統文獻學與現代文獻學之分。筆者始則由傳統文獻學入門，繼而受到現代文獻學的洗禮，近來又不遠而復，重新回到傳統文獻學的軌道上。這次回歸，決不是簡單的重走老路，也絕非開倒車，而是在痛苦的思索中有所領悟，有所發現。「知我者謂我心憂，不知我者謂我何求。」所求者不過「實事求是，推陳出新」而已。

劉向《別錄》、劉歆《七略》成為目錄學的鼻祖，《七略》幾乎成了目錄學的代名詞。筆者耕耘此學前後將近四十年，深知其中甘苦，無意之中，由四部返回《七略》，姑且命名為《新七略》，只論傳世文獻，不論出土文獻。「國故新 X」系列已經出版《國故新證》《國故新衡》《國故新語》，於是將此冊配套更名為《國故新略》，復將出土文獻部分修改完善之後易名為《國故新土》，讀者諒之。

此書既是目錄學教材，也可以視為文獻學教材與國學教材，代表了作者

一個時期的分類體系——傳世文獻的七分法，故斗膽稱之為「新七略」。

司馬朝軍

2022 年 9 月 30 日於上海浦西之震旦園